LES GUIGNOLS DE L'INFO

1993
DIALOGUES

CONFIDENTIEL

15 DEC. 1993

›PD : Sans transition, je reçois le grand ·ainqueur des accords du GATT : Edouard 3alladur...
3ALLADUR : Bonsoir monsieur d'Arvor...
›PD : Alors monsieur Balladur, votre ·ugnacité a payé... Sur le GATT, vous avez gagné ur toute la ligne...
3ALLADUR : Mmm... C'est vrai... On peut être aisonnablement satisfait...
›PD : De plus, cet après-midi, l'Assem-·lée vous a accordé sa confiance...
3ALLADUR : Mmm... C'était indispensable ·our engager une politique à long terme sur les inq ans qui viennent...
:HIRAC : Combien il a dit ?
›PD : Cinq ans je crois... C'est ça ıonsieur Balladur ?
3ALLADUR : Oui, cinq ans...
:HIRAC : Ah oui... Comme cet après midi lors ? T'as redit pareil... Ah oui... 5 ans... ›utain... 5 ans...
›PD : Hum... Bonsoir monsieur Chirac... a va ?
:HIRAC : Doucement...
›PD : Alors cet après-midi, vous avez éfendu vous-même la politique d'Edouard Balladur...
:HIRAC : Moi-même... Oui... Même moi... l est fort... Hein ? Trouvez pas ? Moi je trouve u'il est fort...
›PD : Ah oui... Sur le GATT, il a été... ›arfait...
:HIRAC : Ah oui oui oui... Il est fort...Il est ɔrt il est fort il est fort il est fort...
3ALLADUR : Jacques, je vous remercie... C'est ·ien aimable de votre part de me soutenir dans ıon entreprise...
:HIRAC : Regardez... Il continue ! Merci Edouard ! Y a pas de mal ! Je suis là pour ça !
BALLADUR : Je vous laisse, j'ai du travail...
CHIRAC : Et voilà ! Il s'en va ! Il dit qu'il travaille ! Il est fort, rien à dire ! Ça y est, il est parti !
PPD : Vous, personnellement, vous en dites quoi de sa politique ?
CHIRAC : Et voilà ! Lui est parti, et moi je vais être obligé de parler de lui ! Il est fort, il est fort ! Putain ! Qu'est-ce qu'il est fort l'bestiau !
PPD : Vous m'avez l'air un peu désabusé, monsieur Chirac.
CHIRAC : Pensez-vous : y a pas de raisons. Tout le monde l'aime, le GATT, il s'en est sorti, il m'a piqué Charles, à l'Assemblée il est chez lui! Et moi quand je parle, faut que je le soutienne. Y a pas à dire : je suis heureux ! C'est Noël !
PPD : Et pour les prochaines présidentielles, ça change quelque chose ?
CHIRAC : Ah bah voilà ! Je m'en doutais ! On y est en plein dedans... Mais pour les présidentielles, qu'est-ce que vous voulez que je vous dise ? Il est tellement fort. Je vais le soutenir.
PPD : Quoi ?! Mais, et vous ?
CHIRAC : Moi !? On verra : 2002, 2009, pas pressé moi... On a le temps... Booon... Pas tout ça, mais je vais vous laisser...
PPD : Vous allez travailler ?
CHIRAC : Non, non, il est trop fort. Non, je vais me coucher... Je sais pas, mais j'ai un petit coup de mou... Comme si j'avais deux ou trois sacs de ciment sur les épaules... Ça vous fait pas ça, vous ?
PPD : Non... Jeee... Non.
CHIRAC : Ah bah moi si... Et puis de plus en plus souvent...
PPD : Merci monsieur Chirac... Sans transition les reste de l'actualité...
CHIRAC: Cre-vé. Il m'épuise à être fort comme ça.

SOURCE SECRÈTE

FICHE DE RENSEIGNEMENTS GÉNÉRAUX

PHOTOS

JEAN-MICHEL AGNOUX
FRÉDÉRIC DELTEIL
GILLES ZIMMERMANN

CALLIGRAPHIES

POMME VERTE

REMERCIEMENTS

FRANCK ARGUILLÈRE
LIONEL BAILLY
CHRISTOPHE BASSET
GÉRARD BEDEAU
JEAN-ERIC BIELLE
STÉPHANE BOCQUET
LOÏC CHAVANON
CHRISTINE CHAUVEY
JACQUES CHIRAC
STÉPHANIE COMBE
MICHEL CORTEY
CAROLE CROSET
ALAIN DE GREEF
EDITH DELSART
FANNY DELSART
PHILIPPE DESERT
HERVÉ DESINGE
CATHERINE DIDIER LAURENT
MARIE DORMANN
CHRISTIAN DUGAS
ALAIN DUVERNE
EUROPE 2
JOO-YUN GONNET
FRANÇOIS GUIZERIX
FRANÇOISE HOLLMAN
IMAGES ET MOUVEMENTS
XAVIER LAHACHE
ROSINE LAN
YVES LECOQ
LAURENCE LEFÈVRE
GRÉGOIRE LEMOINE
PIERRE LESCURE
NINA LIMBOURG
VÉRONIQUE MAESTRACCI
BRUNO MARTY
FRANÇOIS MEUNIER
PASCAL MEUNIER
MARC OLLA
SIMY PACAUD
MARTINE PALMER
DAVID PATARY
VALÉRIE PAULUS
MICKAËL PERIOLI
CHARLES PETIT
VINCENT ROUANET
ANDRÉ ROUSSELET
RVZ
MONIQUE SCHEIGAM
GILLES SOMMAIRE
SYLVIE TASSIE
CHINH TRAN THI KIEU
PHILIPPE VAN MONTAGU
CHRISTOPHE VERRIER
VFD
AUX ÉQUIPES TECHNIQUES DE CANAL +
&
À TOUTE L'ÉQUIPE DES GUIGNOLS

Impression et reliure :
I.M.E. - 25110 Baume-les-Dames - Novembre 1994
N° d'édition : 4883-11/1994
N° d'impression : 9646
Dépôt légal : Novembre 1994
ISBN : 2-253-13591-7

LES GUIGNOLS DE L'INFO

1993

L'AGENDA SECRET DE JACQUES CHIRAC

PAR

BENOÎT DELÉPINE

BRUNO GACCIO

JEAN-FRANÇOIS HALIN

DIRECTION ARTISTIQUE

MARC BRUCKERT / LE VILLAGE

85-89, Quai André Citroën
75015 PARIS

À PARAÎTRE
DANS LA MÊME COLLECTION

Le Dictionnaire Franco-Anaha
de Michel Rocard

Ray,
le Fashion Magazine Européen

Les Blagues
de Michel Denisot

Le Cahier de Notes
de François Léotard

1993
CALENDRIER

Janvier	Fevrier	Mars	Avril	Mai	Juin
Vendredi 1	Lundi 1	Lundi 1	Jeudi 1	Samedi 1	Mardi 1
Samedi 2	Mardi 2	Mardi 2	Vendredi 2	Dimanche 2	Mercredi 2
Dimanche 3	Mercredi 3	Mercredi 3	Samedi 3	Lundi 3	Jeudi 3
Lundi 4	Jeudi 4	Jeudi 4	Dimanche 4	Mardi 4	Vendredi 4
Mardi 5	Vendredi 5	Vendredi 5	Lundi 5	Mercredi 5	Samedi 5
Mercredi 6	Samedi 6	Samedi 6	Mardi 6	Jeudi 6	Dimanche 6
Jeudi 7	Dimanche 7	Dimanche 7	Mercredi 7	Vendredi 7	Lundi 7
Vendredi 8	Lundi 8	Lundi 8	Jeudi 8	Samedi 8	Mardi 8
Samedi 9	Mardi 9	Mardi 9	Vendredi 9	Dimanche 9	Mercredi 9
Dimanche 10	Mercredi 10	Mercredi 10	Samedi 10	Lundi 10	Jeudi 10
Lundi 11	Jeudi 11	Jeudi 11	Dimanche 11	Mardi 11	Vendredi 11
Mardi 12	Vendredi 12	Vendredi 12	Lundi 12	Mercredi 12	Samedi 12
Mercredi 13	Samedi 13	Samedi 13	Mardi 13	Jeudi 13	Dimanche 13
Jeudi 14	Dimanche 14	Dimanche 14	Mercredi 14	Vendredi 14	Lundi 14
Vendredi 15	Lundi 15	Lundi 15	Jeudi 15	Samedi 15	Mardi 15
Samedi 16	Mardi 16	Mardi 16	Vendredi 16	Dimanche 16	Mercredi 16
Dimanche 17	Mercredi 17	Mercredi 17	Samedi 17	Lundi 17	Jeudi 17
Lundi 18	Jeudi 18	Jeudi 18	Dimanche 18	Mardi 18	Vendredi 18
Mardi 19	Vendredi 19	Vendredi 19	Lundi 19	Mercredi 19	Samedi 19
Mercredi 20	Samedi 20	Samedi 20	Mardi 20	Jeudi 20	Dimanche 20
Jeudi 21	Dimanche 21	Dimanche 21	Mercredi 21	Vendredi 21	Lundi 21
Vendredi 22	Lundi 22	Lundi 22	Jeudi 22	Samedi 22	Mardi 22
Samedi 23	Mardi 23	Mardi 23	Vendredi 23	Dimanche 23	Mercredi 23
Dimanche 24	Mercredi 24	Mercredi 24	Samedi 24	Lundi 24	Jeudi 24
Lundi 25	Jeudi 25	Jeudi 25	Dimanche 25	Mardi 25	Vendredi 25
Mardi 26	Vendredi 26	Vendredi 26	Lundi 26	Mercredi 26	Samedi 26
Mercredi 27	Samedi 27	Samedi 27	Mardi 27	Jeudi 27	Dimanche 27
Jeudi 28	Dimanche 28	Dimanche 28	Mercredi 28	Vendredi 28	Lundi 28
Vendredi 29		Lundi 29	Jeudi 29	Samedi 29	Mardi 29
Samedi 30		Mardi 30	Vendredi 30	Dimanche 30	Mercredi 30
Dimanche 31		Mercredi 31		Lundi 31	

FRANCE LÉGISLATIVES

LÉGISLATIVES

LISTE PUTAIN 2 ANS !

DÉBORDÉ

DÉBORDÉ

DÉBORDÉ

Juillet	Août	Septembre	Octobre	Novembre	Décembre
Jeudi 1	Dimanche 1	Mercredi 1	Vendredi 1	Lundi 1	Mercredi 1
Vendredi 2	Lundi 2	Jeudi 2	Samedi 2	Mardi 2	Jeudi 2
Samedi 3	Mardi 3	Vendredi 3	Dimanche 3	Mercredi 3	Vendredi 3
Dimanche 4	Mercredi 4	Samedi 4	Lundi 4	Jeudi 4	Samedi 4
Lundi 5	Jeudi 5	Dimanche 5	Mardi 5	Vendredi 5	Dimanche 5
Mardi 6	Vendredi 6	Lundi 6	Mercredi 6	Samedi 6	Lundi 6
Mercredi 7	Samedi 7	Mardi 7	Jeudi 7	Dimanche 7	Mardi 7
Jeudi 8	Dimanche 8	Mercredi 8	Vendredi 8	Lundi 8	Mercredi 8
Vendredi 9	Lundi 9	Jeudi 9	Samedi 9	Mardi 9	Jeudi 9
Samedi 10	Mardi 10	Vendredi 10	Dimanche 10	Mercredi 10	Vendredi 10
Dimanche 11	Mercredi 11	Samedi 11	Lundi 11	Jeudi 11	Samedi 11
Lundi 12	Jeudi 12	Dimanche 12	Mardi 12	Vendredi 12	Dimanche 12
Mardi 13	Vendredi 13	Lundi 13	Mercredi 13	Samedi 13	Lundi 13
Mercredi 14	Samedi 14	Mardi 14	Jeudi 14	Dimanche 14	Mardi 14
Jeudi 15	Dimanche 15	Mercredi 15	Vendredi 15	Lundi 15	Mercredi 15
Vendredi 16	Lundi 16	Jeudi 16	Samedi 16	Mardi 16	Jeudi 16
Samedi 17	Mardi 17	Vendredi 17	Dimanche 17	Mercredi 17	Vendredi 17
Dimanche 18	Mercredi 18	Samedi 18	Lundi 18	Jeudi 18	Samedi 18
Lundi 19	Jeudi 19	Dimanche 19	Mardi 19	Vendredi 19	Dimanche 19
Mardi 20	Vendredi 20	Lundi 20	Mercredi 20	Samedi 20	Lundi 20
Mercredi 21	Samedi 21	Mardi 21	Jeudi 21	Dimanche 21	Mardi 21
Jeudi 22	Dimanche 22	Mercredi 22	Vendredi 22	Lundi 22	Mercredi 22
Vendredi 23	Lundi 23	Jeudi 23	Samedi 23	Mardi 23	Jeudi 23
Samedi 24	Mardi 24	Vendredi 24	Dimanche 24	Mercredi 24	Vendredi 24
Dimanche 25	Mercredi 25	Samedi 25	Lundi 25	Jeudi 25	Samedi 25
Lundi 26	Jeudi 26	Dimanche 26	Mardi 26	Vendredi 26	Dimanche 26
Mardi 27	Vendredi 27	Lundi 27	Mercredi 27	Samedi 27	Lundi 27
Mercredi 28	Samedi 28	Mardi 28	Jeudi 28	Dimanche 28	Mardi 28
Jeudi 29	Dimanche 29	Mercredi 29	Vendredi 29	Lundi 29	Mercredi 29
Vendredi 30	Lundi 30	Jeudi 30	Samedi 30	Mardi 30	Jeudi 30
Samedi 31	Mardi 31		Dimanche 31		Vendredi 31

VACANCES

VACANCES

FIN VACANCES

RETOUR VACANCES

FIN RETOUR VACANCES

NOËL

1993

MEMO PERSONNEL

NOM *CHIRAC* PRÉNOM *JACQUES*

DOMICILE *4 place de l'Hôtel de Ville, Paris* BUREAU

(jusque dans 2 ans)

Future adresse (dans 2 ans) : PALAIS DE L'ELYSÉE

TÉL *55 faubourg Saint-Honoré Paris* TÉL

EN CAS DE PERTE OU DE VOL

Prévenir Mr Charles, place Beauvau
(la grande entrée au fond avec le policier devant)

VACANCES PERSONNELLES

DU *20 Mars 93* AU *~~10 Avril 93~~ ~~Juin~~ 93*

DU *~~Juillet~~ ~~Août 93~~* AU *→ Mars 95 ?!*

DU

Zimmermann

1992 • 1993
DECEMBRE • JANVIER

JEUDI
31

LES BONNES RÉSOLUTIONS POUR 93

1 Rester calme
2 Dégager Valéry
3 Changer mon image
4 Changer le gars qui s'occupe de ma communication
5 Gagner les élections
6 Dégager Valéry
7 Avoir une image sympathique et décontractée
8 Dégager Valéry
9 Me baigner dans la Seine (Acheter un maillot de bain bleu)
10 Préparer ma valise au cas où Mitterrand...
11 Refaire du Yoga

VENDREDI
1

DI

DIMANCHE
3

15H. 15H.30 16H. 16H.30 17H. 17H.30 18H. 18H.30 19H. 19H.30 20H. 20H.30 21H.

TÉLÉPHONER

acheter un survêt

ÉCRIRE

~~ADIDAS~~ et des ~~NIKE~~
~~REEBOK~~
LE COQ SPORTIF

Voir la marque la mieux qui fait jeune !

Demander à ~~Léotard~~ ~~Toubon~~ PASQUA

Souliers vernis
Bouquin pour la photo
Autocollant pour le parking
Collier comme DE GAULLE
Chemise propre bleue
Echarpe tricolore
Costume noir

FAIRE

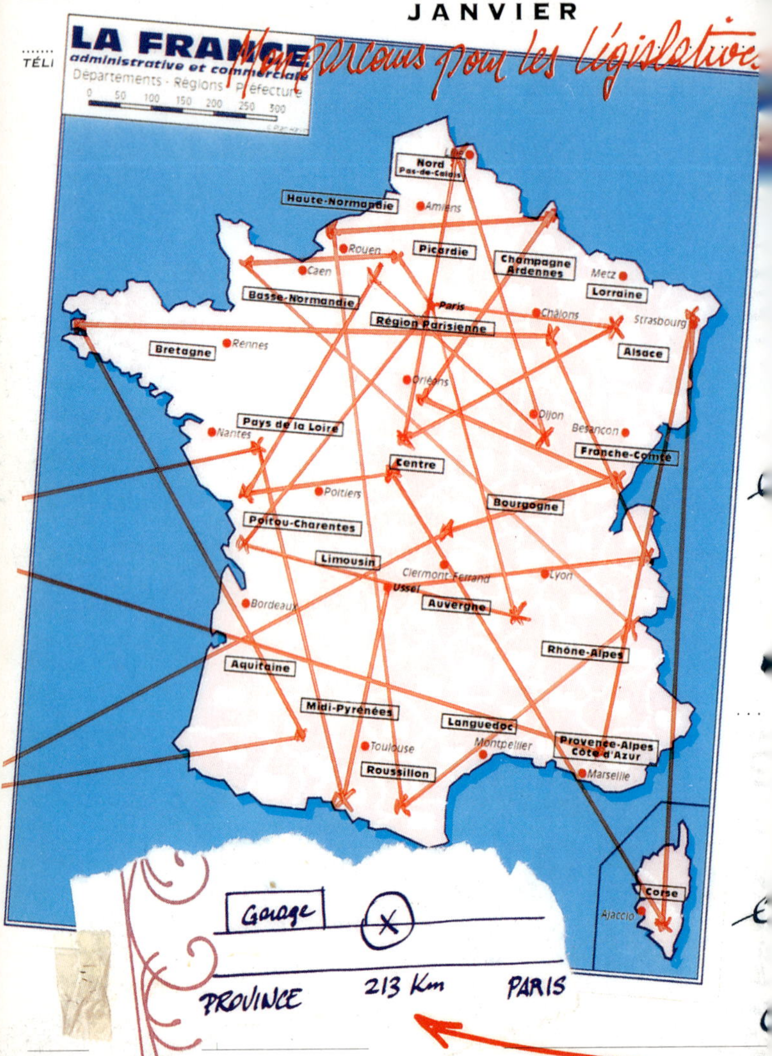
Mon parcours pour les législatives
LA FRANCE
administrative et commerciale
Départements - Régions - Préfecture
0 50 100 150 200 250 300
Nord Pas-de-Calais
Haute-Normandie
Amiens
Rouen
Caen
Picardie
Champagne Ardennes
Metz
Lorraine
Basse-Normandie
Paris
Région Parisienne
Châlons
Strasbourg
Alsace
Bretagne
Rennes
Orléans
Dijon
Besançon
Pays de la Loire
Nantes
Franche-Comté
Centre
Poitiers
Bourgogne
Poitou-Charentes
Limousin
Clermont-Ferrand
Lyon
Ussel
Auvergne
Bordeaux
Rhône-Alpes
Aquitaine
Midi-Pyrénées
Languedoc
Toulouse
Montpellier
Provence-Alpes Côte d'Azur
Roussillon
Marseille
Corse
Ajaccio
Garage
PROVINCE
213 Km
PARIS

TÉLI

1993

JANVIER

JEUDI 7

15H. 15H.30 16H. 16H.30 17H. 17H.30 18H. 18H.30 19H. 19H.30 20H. 20H.30 21H.

(A) AMBÉRIEUX S/s MOSELLE (57)

Maître Hemon (Sénateur Maire)
64 avenue de Paris
…e feu à droite après le …nd-point. Demander MARC
« C'est une chance pour la MOSELLE ».

(A) ANDREZIEUX (42)

Jeanine Morancourt (Maire)
46 rue Ste Aline
2ème feu à droite. 4ème feu à gauche après parking
"La Halle aux chaussures"
"C'est une chance pour la LOIRE".

VENDREDI 8

15H. 15H.30 16H. 16H.30 17H. 17H.30 18H. 18H.30 19H. 19H.30 20H. 20H.30 21H.

(B) BREST (29)

René Leloux (conseiller général-Maire)
12 place Principale
Table réservée restaurant "L'Auberge de la place"
"C'est une chance pour la BRETAGNE".

(B) BRAILLAC (74)

Jean-René Planchon (conseiller général)
63 av. du Gl de Gaulle (accès gauche fanfare)
"C'est une chance pour la HAUTE-SAVOIE".

SAMEDI 9

(C) CANOA (Kourou)

Stéphane Daumier (conseiller général)
…rtie aérodrome dir. LAMÉ. Traverser Zone Spatiale …uis prendre 3ème piste à gauche …i. KOUROU (raccourci) Après …llage "LO" tourner à droite …mbiliste". Tailler la jungle coupe-coupe jusqu'à l'antenne …iodésique. Pas oublier sérum
"C'est une chance pour la GUYANE".

DIMANCHE 10

(C) CLOHARS-CARNOËT près LE POULDU (56)

René Le Ploager (Député Maire)
16 allée des Oyats
villa "Marie-Hélène"
frapper fort porte fond garage
"C'est une chance pour le MORBIHAN".

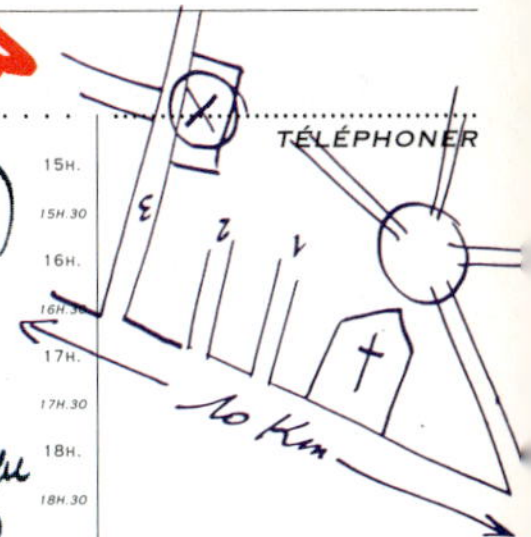

TÉLÉPHONER

ÉCRIRE

TABLE N°

COUVERTS

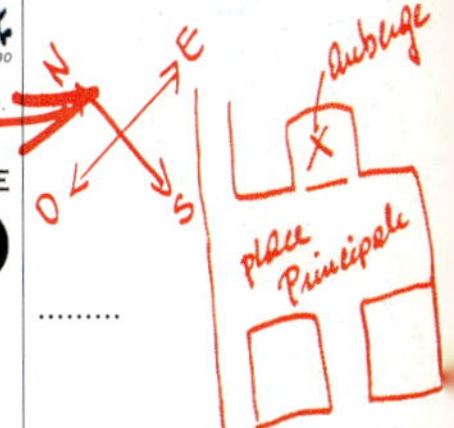

1993

JANVIER

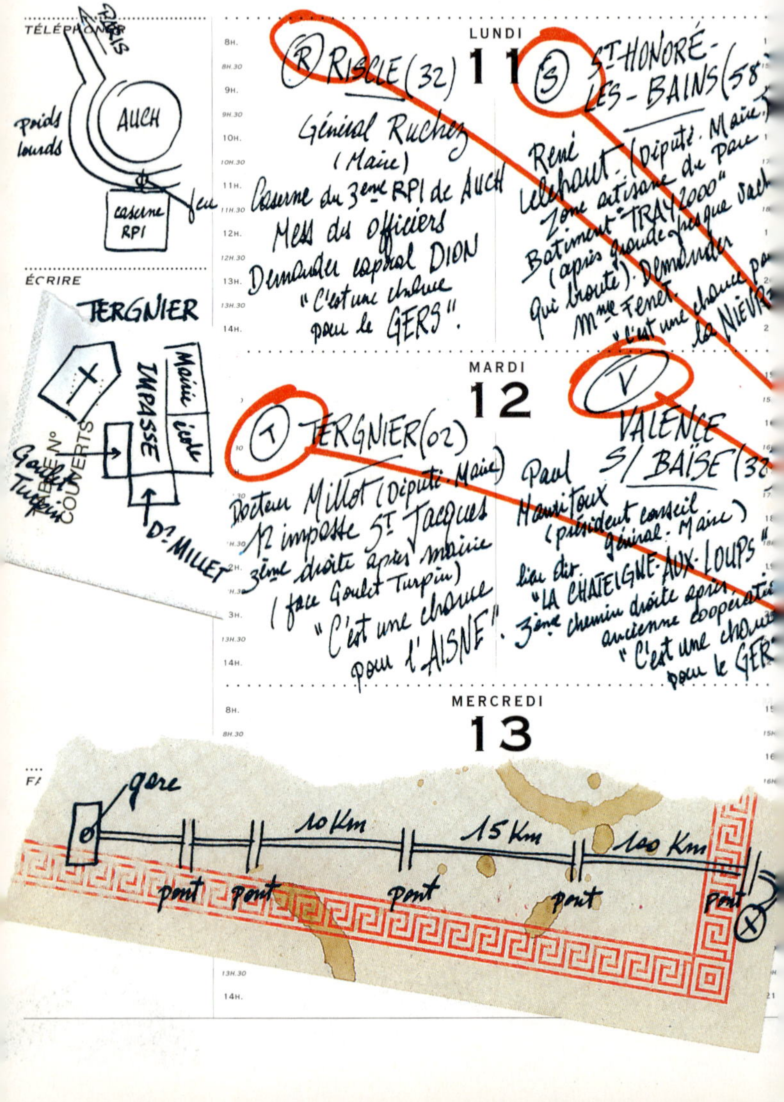

1993

JANVIER

JEUDI

14

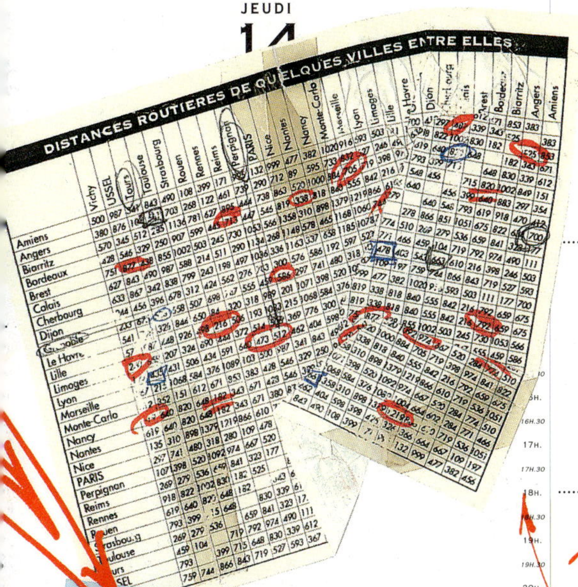

TÉLÉPHONER

ÉCRIRE

16H.

16H.30

17H.

17H.30

18H.

18H.30

19H.

19H.30

20H.

20H.30

21H.

VOIR

Total parcouru 72 500 Km C'est trop !

FAIRE

MEDI

6

CHE

7

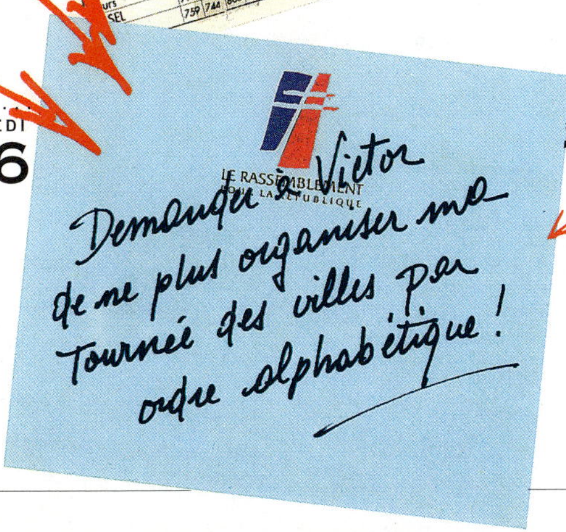

Ai découvert un métier formidable et méconnu : désanusseur de porcs. Inouïe (sic) la dextérité de ces gars-là ! Inouïe !!! Ai essayé, ai raté. Leur ai promis la revalorisation de leurs salaires. Ai dit (+25 %) et d'être fermes sur le GATT. Cocktail rustique et sympa. Ai bu du chouchen et mangé des saucisses cocktail. Renseignements pris, elles ne sont pas faites avec des cochons noirs. Ai repris du chouchen. Trois fois. Après le pot, ai promis d'augmenter les salaires de 120 % et d'exclure la GRANDE-BRETAGNE de la CEE. Suis reparti avec une palette de boîtes de saucisses et un coch[on] vivant. L'ai remis à l'arrièr[e] de la Safrane et l'ai appelé Valéry.

Socomtec - Eleveurs de porcs

Pot d'adieu Demeziot ANNULÉ

SEGONZAC

- t d'arrivée
- ...IX

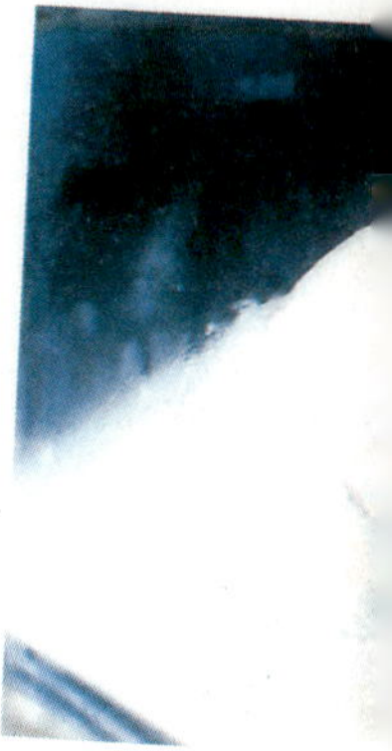

V...

FAIR...

Petit discours pour le pot de DEMÉZIOT. Je tiens à y être, c'est un ami !!!

RV. Palais des Sports VOUGIERS

10H.

10H.30 Mairie de GONDRECOURT (pot)

11H.

11H.30 Palais des Sports BRIONNE (discours)

12H.

12H.30 CHATEAUGIRON (salle polyvalente)

13H. Déjeuner

13H.

14H. Mairie MUSSIDAN

Monsieur GONBER. Mairie du Chêne-Rond.
- Prendre Chateauroux-... Direction Montiers.
- Tourner deuxième droi[te] après CUIS.
Si pas là, aller voir à pièce de colza du bout derrière le silo jaune.

1993

JANVIER

~~POT DE MÉZIOT~~ /

RV. Hôtel de V

Salle

PRÉFECTU

RdV.

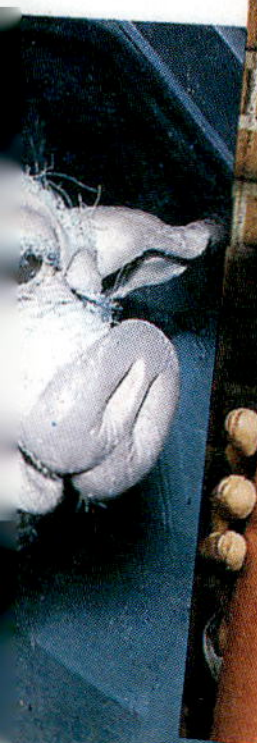

TÉLÉPHONER

ÉCRIRE

…ire Bafouille pour pot DEMÉZIOT (voir brouillon)

VOIR

FAIRE

Valéry

DIMANCHE

24

~~Compagnon~~, Alexandre

Tu permets que je t'appelle Alexandre... ~~C'est à moi qu'incombe la lourde tâche de te mener jusqu'à la porte de ta retraite Tant méritée~~.

Te voici, cher compagnon à l'aube d'une nouvelle vie faite de loisirs ~~et d'ennuis de rien d'autre que t'occuper de toi~~. Profites-en bien !

~~Le service contentieux~~ de la Mairie de Paris (vérifier) Toute entière regrettera ~~ta bonne humeur et la justesse de ton jugement, de ta pensée,~~ de ton travail.

Demander à Christine de préparer une Bafouille.

1993

JANVIER

TÉLÉPHONER

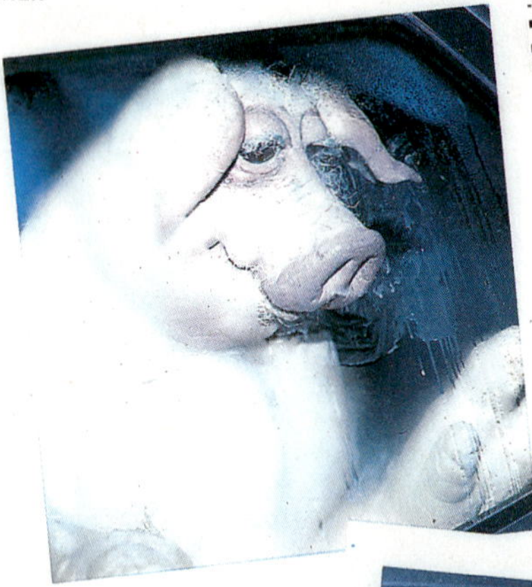

ÉCRIRE

VOIR

Réunion Compagnons RPR à Theneille.
Madame Herlac.
Epicerie "Aux Coopérateurs du Nivernais", première adjointe de Theneille.

FAIRE

Prendre Nevers Ouest.
Direction Sancoins, puis Lurcy-Levis.
Demander son chemin de terre "au meunier qui est toujours assis près du cimetière anglais".

12H.30
13H.
13H.30
14H.

8H.
8H.30
9H.
9H.30
10H.
10H.30
11H.
11H.30
12H.
12H.30
13H.
13H.30
14H.

LUNDI 25

Pot Demésiot
Annulé

inauguration salle Luis Mariano Thorigné S/Dué
Amicale des anciens du Mozet St Voix
Point Presse

Dîner Denisot

DI 6

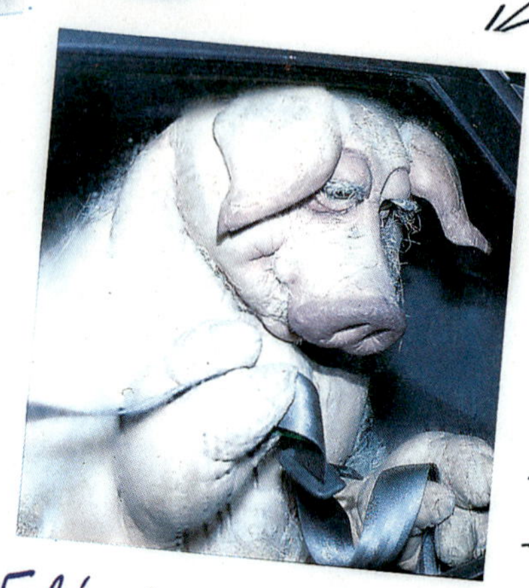

Valéry dans la Safrane

1993

JANVIER

JEUDI

15H.

15H.30 ~~Pot Deméziot reporté~~

16H.

TÉLÉPHONER

SOCADEC
SAINT-SAUVEUR EN PUYSAYE

Visite d'un élevage de poules en batterie SOCADEC à Saint-Sauveur en Puisaye (89520) Pluvieux.
Le premier truc c'est le bruit. Incroyable, on les entend à des kilomètres. D'ailleurs, c'est comme ça que j'ai trouvé. Leurs poules, c'est comme des poules mais sans plumes. D'un côté elles mangent, de l'autre elles pondent. Ai vu aussi des poules carrées et congelées, c'est comme du poisson pané mais avec un bec. Ils m'ont dit que c'était pour le transport.
Pot à l'issue de la visite. Ai bu du Chablis. Trois fois. À la fin ai vu le propriétaire carré avec un bec. Arrêter le chablis.
Ai promis de revaloriser le salaire des couveurs de poules (+50%). Ai promis d'être ferme sur le GATT et d'exclure l'Allemagne de la CEE. M'ont offert un poulet vivant.
Retour à la voiture. Valéry a bouffé le siège arrière de la Safrane.
Ai mis le poulet dans la boîte à gants.

ÉCRIRE

Annuler définitivement Pot d'adieu Deméziot

VOIR

↓ Trouver un autre boulot à Deméziot pas le temps faire son pot de retraite maintenant.

FAIRE

…rmesse de l'école libre "Sainte Marie," rue Collin d'Harleville …Chartres. Contact : Sœur Saint-Thomas d'Aquin (supérieure … collège). Féliciter les gamins et les anciens pour leurs …ues faits à la main, lire le sermon RPR à la messe …promettre abrogation loi Falloux.

1993

FEVRIER

TÉLÉPHONER

VEAU 2000

Visite d'un élevage bovin à Pellouailles-les-Vignes (49112)

Boueux.

Ai vu un truc incroyable. C'est l'insémination artificielle. C'est un gars qui s'habille avec une peau de vache et qui tient un tuyau. Incroyable. Le taureau croit que c'est sa femme et il monte dessus. Après il récupère tout dans le tuyau et ça fait des petits veaux. Incroyable. A l'issue de la visite, pot très amical. Ai bu un excellent Saumur-Champigny. Ai fini la bouteille. Ai promis d'être ferme sur le GATT, d'augmenter les salaires des gars qui mettent des peaux de vaches et d'exclure la Hollande de la CEE. M'ont offert un veau vivant. Très mignon.

Ai acheté une remorque pour mettre le veau et ai mis un crochet à l'arrière de la Safrane. (Facture jointe) Retour à la voiture. Le poulet a cassé la boîte à gants et bouffé le cochon. Se renseigner sur ce qu'ils mettent dans leurs poulets.

49112 • PELLOUAILLES-LES-VIGNES

ÉCRIRE

VOIR

FAIRE

Co[illegible] Pouvoir, conseiller municipal du Bourbonnat. Prendre par Autun-Luzy-Saint-Honoré-les-Bains. Mettre le paquet : ancien fief de Mitterrand. Se laisser guider par "Le gros Poulbot", homme à nous. Attention, pilote dangereux.

1993

FEVRIER

Départ CROZANT
inauguration
du musée de
l'insémination
artifici...

JEUDI

4

Visite fabrique ...
...icoles

TÉLÉPHONER

Concours
hippique de poneys
à Ronzières
(10 km de Roanne)
Contact:
Madame Renard,
maire de Ronzière
et présidente du
"Poney-Club
de la Saône".
Prendre Zorro ou
Ivanhoé, mais pa...
Pupuce (mal débou...

...CRIRE

VOIR

FAIRE

SAM

6

GARAGE CONTINI ET FRÈRES

RÉPARATIONS - MÉCANIQUE

5952

ROUTE DU LISIER
PELIOUAILLES LES VIGNES
49112 BOUEUX

FACTURE

PAYÉ

DÉSIGNATION DES TRAVAUX	MONTANT H.T.
Attache remorque :	4.000,00 francs
Pose d'une attache remorque :	1.500,00 francs
Remorque type "bovin bi-place" :	15.000,00 francs
Siège arrière Safrane :	4.000,00 francs
Pose du siège :	1.500,00 francs
Boîte à gants Safrane :	2.000,00 francs
	28.000,00 francs
SOUS-TOTAL	5.208,00 francs
TVA 18,6 %	33.208,00 francs
TOTAL Déduction d'un poulet vivant offert :	80,00 francs
TOTAL :	33.128,00 francs

A VOTRE SERVICE

Membre d'un centre de gestion agréé par l'administration fiscale acceptant à ce titre le règlement des sommes dues par chèques libellé à ce nom.

AH...

TÉLÉPHONER

Compagnons,
C'est une chance pour Chelles et pour tout le département que la construction ~~hâtive~~ rapide ~~du fleuron de ce qui fut l'art Romain du siècle~~ de ces Bains Douches Municipaux ~~fleuron de l'art Romain~~ chers ~~aux Romains, plaisent à~~
J'espère que tous les ~~Chellois Chelonaux Chelipontins~~, habitants de Chelles auront cœur d'honnorer de leur p ~~ce fleuron de l'art Rom~~ ce lieu que les Romains mêmes aimaient à fré ~~après leurs batailles~~

Demander topo à / parler des Rom.

ÉCRIRE

VOIR

FAIRE

LUNDI
8

8H. 8H.30 9H. 10H. 10H.30 13H. 13H.30 14H. 9H. 9H.30 10H. 10H.30 11H. 11H.30 12H. 13 13 1
11H.30 12H. 12H.30 13H. 13H.30 14H.

15 15H. 16 16H. 17 9 9H. 20H. 20H. 21H. 15H. 15H. 16H. 16H. 17H. 17H. 18H. 18H. 19H. 19H. 20H. 20H. 21H. 15H. 15H.30 16H. 16H.30 17H. 17H.30 18H. 18H.30 19H. 19H.30 20H. 20H.30 21H.

→ inauguration BAINS-DOUCHES de CHELLES

Etablissements DUCRUET
Trélon 59132

Ai visité monsieur DUCRUET, céréalier à TRÉLON (59132) 8H15. Un froid de canard.
Insensé. Des champs de blé à perte de vue avec du blé de plus de 2 mètres de haut. Insensé. On s'y paumerait.
M'y suis paumé.
Ai retrouvé la ferme à 11H du soir.
Discussions avec monsieur DUCRUET m'a fait goûter de la bière de CHIMAY.
Très bonne. Y'en a trois sortes, trois couleurs : Rouge, blanche, bleue.
Ai tout goûté. Préfère la blanche... non la bleue.
Ai re-goûté. Ai promis à monsieur DUCRUET d'être ferme sur les accords du GATT.
Ai promis aussi d'augmenter le prix du quintal de blé (+70 %)
Ai aussi promis d'exclure l'Espagne de la CEE.
Ai remis le veau dans la remorque et suis reparti.

Visite à monsieur TISSANDIÉ ~~pommes de terre~~, ~~agriculteur de~~ ~~fabricant de patates~~ ~~négociant en patates~~,
Patateur au CHAMBON-SUR-LIGNON (43400)
Il gèle à pierre fendre...
Ai parcouru un champ de patates. On voit rien.
Normal, c'est en dessous.
Comme les taupes. Réponse du patateur :
"Oui, sauf qu'avec les taupes, on fait pas de frites !" Poilant ! La raconter à Charles !

JEUDI
11

Départ Trélon avion

15H. 15H.30 16H. 16H.30 17H. 17H.30 18H. 18H.30 19H. 19H.30 20H. 20H.30 21H.

Etablissements DUCRUET
Trélon 59132

Plus gros problème de la patate, le doryphore, c'est inouï le doryphore. INOUÏ !
Ça vous détruit un champ de patates en moins de deux.
"Le doryphore est à la patate ce que le chien est à Paris."
Le noter pour mon prochain discours.
Ai promis à monsieur DEMOISIAU d'enlever les doryphores du volet agricole du GATT.
Ai promis aussi d'augmenter les subventions de la patate (60 %)
Ai donné des patates au veau.
Retour sur Paris. Ai coulé le moteur de la Safrane. Elle a pas supporté la remorque avec le veau et les 600 kilos de patates.

TÉLÉPHONER

Marché aux truffes de Montignargues Avignon Ouest.
Direction : La Gamelle
CONTACT :
Mr ESTÉGUARDE
Adjoint RPR
Le tout Avignon sera là.
Réviser la truffes, les chiens truffiers et le programme du RPR.

ECRIRE

VOIR

FAIRE

SAMEDI
13

13H RV Barnier

DIMANCHE
14

8H30 Départ Avignon TGV.
Départ Pays Basque

Meeting RPR à Albertville
Contact : Michel BARNIER (le gars des Jeux Olympiques.
Ne pas confondre avec Jean-Claude Killy).
Meeting important. Mettre mon bleu costume noir (le Saint-Laurent en tissu pas le Jean-Claude Jitrois en cuir comme à Brest).

1993

FÉVRIER

.ÉLÉPHONER

8H.
8H.30
9H.
9H.30
10H.
10H.30
11H.
11H.30

Rencontre informelle avec représentants syndicaux des apiculteurs de Saint-Jean-Pied-de-Port (64220)
Des gens charmants bons vivants. Ils chantent tout le temps. L'Apiculture Française mérite d'être développée

Déjeuner chez "Tourilou Epis Touléguy" Très bon ! Ai pris le menu à 230 —
Ai bu à la gourde (tradition) lever de table à 17 h 30 !

Hotel Restaurant «Tourilou Epistouléguy»

PLACE DU GÉNÉRAL DE GAULLE
SAINT-JEAN PIED DE PORT (64220)

cuisine familiale et abondante

Menu 70 f. (midi seulement)

Terrine du chef ou Pâté du chef

Steack frites ou Faux-filet frites

Fromage blanc ou Yaghourt

Menu 120 f. (soir seulement)

Terrine du chef ou Pâté du chef

Steack frites ou Faux-filet frites

Fromage blanc ou Yahourt

Menu gastronomique 230 f.

Terrine de lièvre ou Pâté en croute de lièvre ou Julienne de lièvre ou Lièvre en gelée

Côte de veau
ou Côte de v
ou Côte de ve

Fromage

Dessert

Café

Pousse-café

Vin à volonté.

** DISQUES 2000 **
Epistouléguy Music
* place du Général de Gaulle *
** Saint-Jean Pied de Port (64220) **

La Beauté des Chants Basques	125 f.
Karaoké: Chantez vous-même le Pays Basque	350 f.
Chants à Boire des amis de la Pelote	130 f.
TOTAL :	605 f.

1993

FEVRIER

TÉLÉPHONER

JEUDI

18

FACTURE N° ......

le .... 19 ....

spégic 1000

ka-Seltzer 15,00

noum 25,00

45,00

tal TTC 85,00

dont 4,43 de TVA à 5,5%

PHARMACIE
EPISTOULEGUY Frères
St-Jean Pied de Port (64220)

PRESSING EPISTOULEGUY Frères

CHIRAC **5771**

L Ma Me J V S D

Serv.eco ☐ soigné ☒ hte qualité ☐

Complet	Tailleur	
Pantalon		20,00F
Maillot corps		
Veste		
Manteau	Imper	
Pull	Corsage	
Robe		
Couvert	Duvet	
Cravate Soie		15,00F
Jupe		
Chemise Coton		30,00F
	TTC.	65,00F

RESERVES
Etiquetage composition insuffisant ☐
Tache indélébile ☒
Coloris instable ☐
Autres réserves ☒

Prix article si supérieur au barème de remboursement

5771
L M M J V S

ÉCRIRE

VENDREDI

19

C'est inouï ce que ça chante fort un Basque ! Ai chanté des chants à eux. C'est compliqué le basque, mais très mélodieux

19H.
19H.30
20H.
20H.30
21H.

VOIR

Note de frais ou personnel ?

SAMEDI

20

DIMANCHE

FAIRE

Ecrire au journal qui transmettra.
Annonce n° 32 5437

Veau

Vds **jeune veau vivant.** Bicolore, en pleine forme, propre, mignon. Vds également **remorque** type bovin bi-place. Etat neuf. Vds 600 kilos **patates.** Prix à débattre si achat de la totalité. Ecrire au journal qui transmettra.
Annonce n° 37 2456

Vds lot de 37 **veaux.** Sevrés, très mignons,

très jeu... répondant... Oua... Très ti... pattes arriè... LPW 276 Tél: (réco...

Jeune c... foyer, v... Tél. 42.94.. ou 42.41.

Particulie... 3 sem... Voir

BB Shih... BB canic... abricot, Egalem... vacc.., sa nté

val

500 f., noirs.

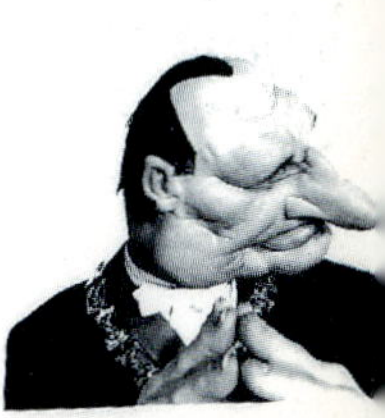

1993

FEVRIER

TÉLÉPHONER

8H. Déj.

8H.30 Nœud-les-Mines

LUNDI

22

Le Beffroi 2000

22 fevrier 1993

REGION

JACQUES CHIRAC À NŒUD-LES-MINES

*

Dans le cadre de la campagne législative notre député-maire Guy Trélat a reçu une visite de poids en la personne de **monsieur Jacques Chirac** lui-même. En forme et visiblement de bonne humeur, le Président du RPR est apparu face aux photographes en compagnie du bolet-record de 10 kilos qui avait défrayé la chronique la semaine dernière. Au terme d'un discours-fleuve mettant en parallèle bolet et Guy Trélat, l'ancien premier ministre a déclaré **«C'est une chance pour Nœud-les-Mines»**...

Le discours fut suivi d'un vin d'honneur à la salle des fêtes Marguerite Yourcenar au cours duquel les Nurcimois ont pu admirer les qualités humaines du Maire de Paris, qui confirma quelques minutes avant son départ: **«C'est une chance pour Nœud-les-Mines»** Un bien bel hommage.

Luc Venel

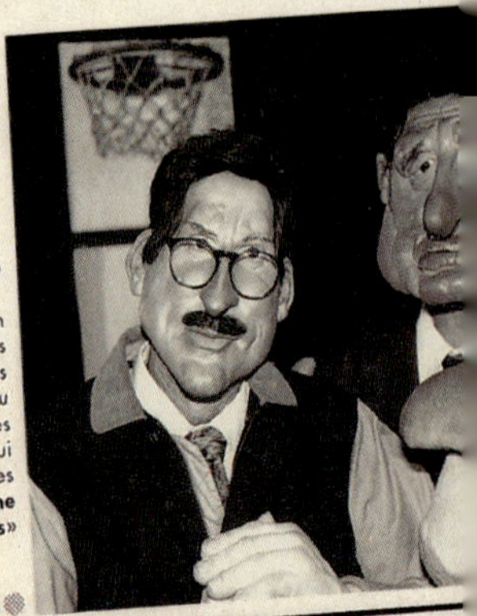

REGION

ÉCRIRE

Petit dis... sur Saint-... les-B...

VOIR

FÊTE ... CHARRÉ LES ...

19H. 19H.30 Saint-Honoré-... Bains.

20H. 20H.30

LA MONTAGNE LIBÉRÉE

...CQUES CHIRAC À SAINT-HONORÉ LES B...

Dans le cadre de la campagn... notre député-maire Roger Leréhau... visite de poids en la personne d... Jacques Chirac lui-même. En forme et visi... bonne humeur, le Président du RPR est a... aux photographes en compagnie du **«brochet...** pêché par un habitant de Léze hier.

Au terme d'un discours-fleuve mettant judici... en parallèle brochet-miracle et Roger L... l'ancien premier ministre a déclaré **«c'est une ... pour Saint-Honoré les Bains»**...

Le discours fut suivi d'un vin d'honneur à la sa... fêtes Jean Racine au cours duquel les Sanctiho... banais ont pu admirer les qualités humaines du ... de Paris qui conclua fort énigmatiquement quel... minutes avant son départ: **«C'est une chance p... Nœud-les-Mines»**. Un bien bel hommage en tout ...

Jean-Michel Lefebvre

Ball-trap régional à Bourg-Madame (10 km Font-Romeu) Contact: Monsieur Lespinay Prendu Col du Ilou...

FAIRE

Discours de campa... avant le concours Après l'accident l'année dernière éviter la blague "les socialistes sont comme des pigeons d'argile".

13H.

13H.30

14H.

JEUDI
25

15H. 15H.30 16H. 16H.30 17H. 17H.30 18H. 18H.30 19H. 19H.30 20H. 20H.30

Voir LE PLOADEC (15H.30)

Course de karting à Labastide Beauvoir. Éviter Toulouse par l'A 61. Sortie Villefranche-de-Lauragais. Prendre direction Intermarché. Course de karting : parking Intermarché face "Le Mutant". Discours de campagne n° 6 ou 7 selon le temps, puis donner le départ et [illegible] de "viande" au vainqueur.

TÉLÉPHONER

Impossible. Ça peut plus durer !!! Trop plouc pour mon boulot de dans 2 ans.

ÉCRIRE

ALLER À L'ÉTRANGER POUR MA STATURE

VOIR

m'excuser !

FAIRE

Le Phare du Raz
4 fevrier 1993

Notre Régi[on]

Scandale à la Salle André Bourvil

Photo Vipre

Tout s'était pourtant fort bien passé lors de la visite de soutien accordée par Monsieur Jacques Chirac lui-même à notre Député-Maire René Le Ploadec.

Très en forme et visiblement de très bonne humeur le Président du RPR était apparu face aux photographes en compagnie de René Le Ploadec et du Far Breton Géant de Madame Le Couédic vanté dans ces mêmes colonnes la semaine dernière.

Mais au terme d'un discours-fleuve traitant bizarrement René Le Ploadec de **«bolet»**, l'ancien Premier Ministre a eu une attitude plus que déplacée en plongeant la tête de notre député-maire dans le Far géant tout en hurlant **«C'est une chance pour Nœud-les-Mine...»**

Il fallut toute la diligence des pompiers du Faouët pour séparer les deux hommes. Un incident bien regrettable de la part du candidat malheureux à l'élection présidentielle de 1988.

Philippe RENARD

Petite nature va !

De La Chapelle-des-Fougeretz à Lorient

MA SEMAINE INTERNATIONALE

1993
MARS

TÉLÉPHONER

LUNDI
1

1er Mars, 10H00. Aéroport VARSOVIE
Il est sympa ce LECH !

1er MARS, 18H00. Aéroport PÉKIN
— Comprends rien

ÉC

8H.30
9H.

VO

FAIRE

2 MARS, 9H00. Aéroport LONDRES
Toujours aussi balaise, la garce !
Mais finalement elle serait plus 1er Ministre.

Demander à Sawamiargue

10H.
11H.
11H.30
12H.30
13H.
13H.30
14H.

2 MARS, 15H00. Aéroport JÉRUSAL
Peut-être une erreur de grouper les

TÉLÉPHONER

15H.

MARS, 10H00. Aéroport NEW YORK
Quel âge peut-il avoir ce gars-là
Suis crevé

VENDREDI
5

3 MARS, 18H00. Aéroport MONACO
Putain, pour qui il se prend ce con de Prince là?
Penser à faire un truc pour l'emmerder dans 2 ans.

17H.

MARS, 9H00. Aéroport BONN
Faut que je dorme un peu.

4 MARS, 18H00 Aéroport MOSCOU
ANNULÉ

BONNE SEMAINE! ATTENDRE LES RETOMBÉES PRESSE

THE Sun

Monday, March 8, 1993

20p

CHIRAC HOMELESS?

Enthroned in Francfort Airport Toilet, ousted politico holds impromptu press conference

Ancient French Prime Minister raises a stink... his own!

In his pocket: one dollar, one penny and three rubles.

CRISIS: ENGLAND POSSESSES ONE THING FRANCE LACKS: PRIDE!

EL PAÍS, lunes 8 de marzo de

I. L., **Frankfort**

Ignacio Lopez, nuestro corresponsiente a Frankfort, señala la presencia del señor **Jacques Chirac** la semana pasada en el Aeropuerto de Bonn. El alcade de Paris, por lo visto muy cansado, estaba tumbado en el hall des las llegadas, segun sus proprias palabras "*en la espera de Helmuth*"...

Fue Ignacio si mismo que tuvo que llamar la Embajada de Francia y los servicios medicales del Aeropuerto.

Un momento malo para el sempiterno candidato a la presidencia francesa...

La generación

1993

MARS

JEUDI

11

Vu sondages. Ils sont bons ! On va gagner ! Trouver un premier Ministre, vite !

LE RASSEMBLEMENT POUR LA REPUBLIQUE

LE MAIRE DE PARIS

BALLADUR

Edouard est une bête de travail. Il a ce regard droit dont les gens de la noblesse et ce port de tête franc qui lui donne l'air honnête. D'ailleurs il est sans doute honnête. C'est lui que je vais prendre, il est pas dangereux... En plus, on est amis depuis 30 ans... Le bonhomme est à ma main... Oui... C'est lui que je veux comme 1er Ministre... Il est inoffensif.

SQUA

harles a le franc-parler des ommes du Midi et la bonhomie les self-made man... Il ne mâche pas ses mots et sait être direct... Il n'y en a pas deux comme lui pour affaiblir un ennemi.

(S'en méfier)

C'EST GAGNÉ ! À MOI LE BOULOT DE DANS 2 ANS !!!

DE PARIS

ISCARD

l a le regard perdu des gens i furent et ne sont plus. Il a la démarche d'un héron blessé... poids des ans l'a courbé et séché... C'est un homme égaré ns des vêtements trop grands pour ...Poisson essoufflé sur le sable, herchant désespérément à happer air d'un temps qu'il ne mprend plus...

(S'en méfier quand même)

SAINT-GERMAIN

DENISOT

Ai rencontré Denisot au Parc. Homme d'une grande élégance dont il se dégage une franche sympathie. Sa poignée de main est ferme et directe, il a le regard droit des gens de la campagne mâtiné de retenue et de profondeur... Il est sympa... Il ferait un bon premier ministre. Un peu tôt pour ce boulot peut-être. (S'en méfier)

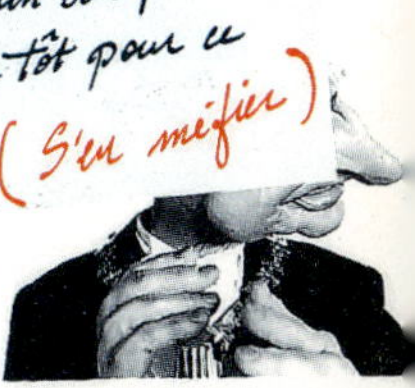

1993

MARS

TÉLÉPHONER

DERNIÈRE SEMAINE ÉLECTORALE

Où faire mon discours de dimanche ?

- à Paris — trop parisie
- à l'étranger — trop exo
- en Corrèze — bon, mais

USSEL

ÉCRIRE

VOIR

Où je me mets pour mon discours du soir ?

- chez moi ? → trop peti
- à la Mairie ? → pas chau
- au restaurant ? → convivial
- ~~au bistrot ?~~

FAIRE

DISCOURS USSEL

Retour à la Mairie d'USSEL

j'ai trouvé… me mettre devant la cheminée de la Mairie… ça fait calme…

le dire à tout le monde !

…nnée :

Chaleur, intensité, convivialité, calme

- SIGNE DE FEU
- ENERGIE
- FOYER

Très bon la cheminée !!!

JEUDI
18

15H.
15H.30
16H.

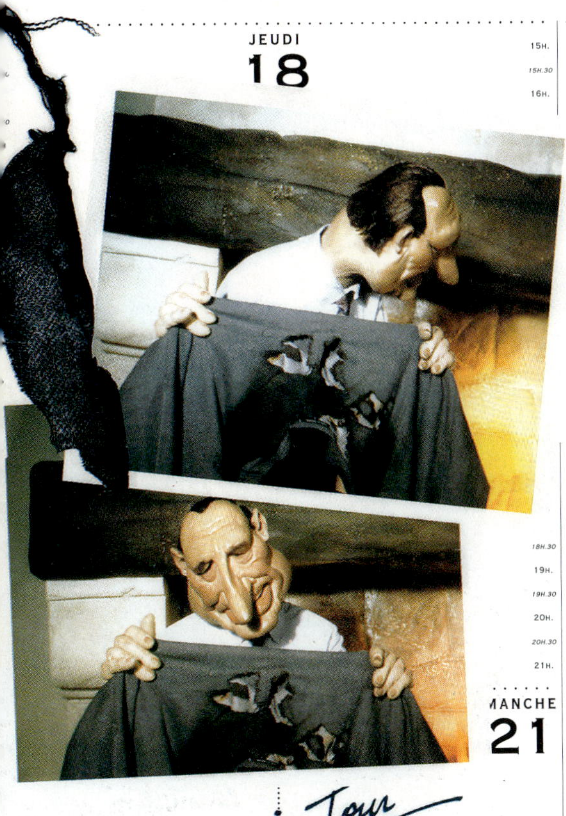

TÉLÉPHONER

Virer le conseiller qui m'a foutu devant cette cheminée à la con !!!

ÉCRIRE

FAIRE ~~VOIR~~

Penser à
RETIRER
LA CHEMINÉE !

18H.30
19H.
19H.30
20H.
20H.30
21H.

MANCHE
21

Acheter une veste en cachemire qui brûle pas

FAIRE

Résultats premier Tour

ON A GAGNÉ !!!

1993
MARS
LE MEGAFUNK
450 PROJECTEURS
150 000 WATTS DE FACE
LE SON A PLEIN TUBE
JUSQU'A L'AURORE
(service de navettes gratuites jusqu'à la gare)
LA BOITE LA PLUS FUNK DU PLATEAU DE MILLEVACHES
D. 160, km.13, route de Peyrelevade
AquaSunlights de Tulles
10 000 M2 de plages disco.
Piste de danse aquatique.
Lumières dignes des plus grandes boites
AMBIANCE Chaude et hu
Des filles nues à gogo
Ouver
Bruno Caccio, propriétaire
Le Shadoo
Salle Rock, Salle Slow, Salle Rétro
26 cocktails (cocktail slip, cocktail soutien gorg
65 bières, 38 whiskies!
mardi au samedi, de 9h. à l'aube
Las Vegas Paradise
Jeux video, ambiance jeune.
Musique californienne.
Tous les premiers jeudis du mois.
CONCOURS DE T-SHIRT MOUILLES
aux plus gros seins de la soi
1 entrée gratuite
tél : 28 02 0
Kms 13, route de St Quentin.
MARDI
23
pharmacien
chez coiffeur
chez dentiste
Pot geragiste
chez opticien
Fête au Cigare à Moustache
Pot avec les Amis d'Ussel
Pot avec Syndicat
Pot syndic
Soirée au Valérie
Valérie
Soirée au Blue Light
Déjeuner au Sunlight Paramount
ON A GA

1993
TÉLÉPHONER
Laurent Gasparelli
vous attend à :
La Chounga!
NIGHT-CLUB MODERNE . AMBIANCE DÉLIRE JUSQU'AU MATIN
Cocktails Brésiliens . Up to Date . Piste tournante
Les Plus Belles Filles de Lognes sont à :
ÉCRIRE
WLADIMIR & SON EQUIPE VOUS INVITENT AU :
VODKA!
New Tovaritch
ZAKOUSKIS!
CABARET RUSSE DE LOGNES NORD
SPECTACLE TOUTE LA NUIT
avec
& son Kasatchock Express
(tziganes et balalaikas)
Réservez votre table au 76 54 32 89
AMBIANCE TEX-MEX
Orchestre tous les soirs
DALLAS GRINGOS
VOIR
Soirée au Mégafunk
DIMANCHE
28
Soirée deuxième tour!
FAIRE
NÉ
J'ai deux ans à attendre
et je suis Président...
Deux ans.
Putain Deux Ans!

1993

MARS

CONSULTATIONS EN VUE FORMATION DU GOUVERNEMENT D'EDO

TÉLÉPHONER

Faire mon gouvernement d'Edouard rien que des gars sûrs.

ÉCRIRE

VOIR

FAIRE

LUNDI 29

8H. RdV Roger Galley (Défense)
8H.30
9H. RdV Roger Chinaud (PT)
9H.30
10H. RdV Maurice Couve de Murville (Justice)
10H.30
11H. RdV Christian Bonnet (colonies)
11H.30
12H. RdV Michel Debré (Educ. NAT.)
12H.30
13H. RdV JEAN FOYER (femme)
13H.30
14H. RdV Alain Peyrefitte (af. Etrangères)

RdV Marie-France GARAUD (mer)
RdV Maurice Papon (Anciens combat.)
RdV Robert Poujade (commerce ext.)
RdV René Haby (travail)
RdV Charles Pasqua (intérieur)
RdV Jean Royer (comm.)
RdV Michel Poniatowski (culture)

MARDI 30

8H. RdV Bernard Pons (Dom Tom)
8H.30
9H. RdV Jean-Pierre Fourcade (Finances)
9H.30
10H. RdV Raymond Marcellin (Agriculture)
10H.30
11H. RdV Pierre Messmer (logement)
11H.30
12H. RdV Yves Guéna (Justice)
12H.30
13H. RdV Antoine Pinay (Jeunesse et Sport)
13H.30
14H. RdV Olivier Guichard (Commerce)

LA LISTE

MERCREDI 31

8H.
8H.30
9H.
9H.30
10H.
10H.30
11H.
11H.30
12H.
12H.30
13H.
13H.30
14H.

Voilà ça c'est solide ! Avec ça on est reparti pour 25 ans !

[redacted]

Pour INFO

Le gouvernement

Edouard Balladur, premier ministre

Ministres d'état

Simone Veil, ministre d'État, ministre des Affaires socia-les de la Santé et de la Ville.
Charles Pasqua, ministre d'État, ministre de l'Intérieur et de l'Aménagement du territoire.
Pierre Méhaignerie, ministre d'État, garde des Sceaux, ministre de la Justice.
François Léotard, ministre d'État, ministre de la Défense.

!!!

Ministres

Alain Juppé, ministre des Affaires étrangères.
François Bayrou, ministre de l'Éducation nationale.
Edmond Alphandéry, ministre de l'Économie.
Gérard Longuet, ministre de l'Industrie, des Postes et Télécommunications et du Commerce extérieur.
Bernard Bosson, ministre de l'Équipement, des Transports et du Tourisme.
Alain Madelin, ministre des Entreprises et du Développement économique chargé des PME, du commerce et de l'Artisanat.
Michel Giraud, ministre du Travail, de l'Emploi et de la Formation professionnelle.
Jacques Toubon, ministre de la Culture et de la Francophonie.
Nicolas Sarkozy, ministre du Budget, porte parole du gouvernement.
Jean Puech, ministre de l'Agriculture et de la Pêche.
François Fillon, ministre de l'Enseignement supérieur et de la Recherche.
Michel Barnier, ministre de l'Environnement.
André Rossinot, ministre dela Fonction publique.
Hervé de Charette, ministre du Logement.
Michel Roussin, ministre de la Coopération.
Dominique Perben, ministre des DOM-TOM.
Michèle Alliot-Marie, ministre de la Jeunesse et des Sports.
Alain Carignon, ministre de la Communication.
Philippe Mestre, ministre des Anciens Combattants et Victimes de guerre.

? ? ? ? ? ? ??? ?

TÉLÉPHONER

Tel. à Edouard !

ÉCRIRE

il a pris que Charles !!

POURQUOI IL A PRIS QUE CHARLES ? APPELER EDOUARD ET CHARLES

FAIRE

15H. 15H.30 19H. 19H.30 20H. 20H.30 21H. 15H. 15H.30 16H. 16H.30 17H. 17H.30 18H. 18H.30 20H. 20H.30 21H.

IANCHE 4

1993

AVRIL ~~[illegible]~~

~~[illegible]~~

~~[illegible]~~

TÉLÉPHONER

X à Edouard
X à Charles
X à Juppé
X à Edouard
X à Juppé
X à Charles
X à Edouard

ÉCRIRE

X à Charles
X à Edouard
X à Sarkozy
X à Charles
X à Edouard
X à Juppé
X à Charles

VOIR

X à Edouard
X à Juppé
X à Charles
X à Edouard
X à Sarkozy
X à Edouard
X à Charles

FAIRE

X à Edouard
X à Juppé
X à Edouard
X à Charles
X à Edouard
X à Juppé
X à Edouard

LUNDI 5

8H. 8H.30 9H. 9H.30 10H. 10H.30 11H. 11H.30 12H. 12H.30 13H. 13H.30 14H.

~~[illegible]~~

Téléphoner à Juppé

Téléphoner à Charles

Téléphoner à Edouard

Téléphoner à Juppé Téléphoner à Edouard

~~[illegible]~~ Téléphoner à Sarkozy

Téléphoner à Edouard

Téléphoner à Edouard

~~[illegible]~~

Téléphoner à Toubon

Téléphoner à Juppé

Téléphoner à Charles

~~[illegible]~~

MARDI 6

8H. 8H.30 9H. 9H.30 10H. 10H.30 11H. 11H.30 12H. 12H.30 13H. 13H.30 14H.

Téléphoner à Edouard

Téléphoner à Edouard

~~[illegible]~~

~~[illegible]~~

Téléphoner à Sarkozy

Téléphoner à Edouard

Téléphoner à Edouard

Téléphoner à Juppé

Téléphoner à Edouard

Téléphoner à Charles

~~[illegible]~~

Téléphoner à Edouard

~~[illegible]~~ ~~[illegible]~~

MERCREDI 7

8H. 8H.30 9H. 9H.30 10H. 10H.30 11H. 11H.30 12H. 12H.30 13H. 13H.30 14H.

~~[illegible]~~

Demander à Charles nouveau numéro d'Edouard.

Rappeler Charles. Rappeler Charles. Rappeler Charles. Rappeler Charles. Demander à Longuet nouveau numéro de Charles pour avoir numéro d'Edouard. Chercher le nouveau numéro de Longuet

1993
AVRIL
15H.
16H.
17H.
18H.
18H.30
ÉCRIRE
FAIRE
France Telecom
MR CHIRAC JACQUES
C PTE ESC C ETG 5
MAIRIE PARIS
4 PL HOTEL VILLE
75004 PARIS
Votre agence France Télécom
PARIS RIVOLI
24 RUE DE RIVOLI
75004 PARIS
40271414
Services et produits facturés
ABONNEMENT DU 15/04 AU 15/06
CONSOMMATION COMPTEUR DU 15/02 AU 25/04
SOMME TOTALE A PAYER AVANT LE 10/05/93
N° d'appel
N° de compte
Relevé
Date facture
27/04/93
Facture
MR CHIRAC JACQUES
C PTE ESC C ETG 5
MAIRIE PARIS
4 PL HOTEL VILLE
75004 PARIS
211 626 UT A 0,615
Code TVA
Montant H.T.
99,48 F
130 149,99 F
130 249,47 F
LE MAIRE DE PARIS
Demander à Longuet s'il peut faire quelque chose.

TÉLÉPHONER

ÉCRIRE

VOIR

FAIRE

LUNDI
12

8H.
8H.30
9H.
9H.30
10H.
10H.30
11H.
11H.30
12H.
12H.30
13H.
13H.30
14H.

MARDI
13

8H.
8H.30
9H.
9H.30
10H.
10H.30
11H.
11H.30
12H.
12H.30
13H.
13H.30 1h45 coiffeur
14H.

MERCREDI
14

8H.
8H.30
9H.
9H.30
10H.
10H.30
11H.
11H.30
12H.
12H.30
13H.
13H.30
14H.

JEUDI
15

15H.
15H.30
16H.
16H.30
17H.
17H.30
18H.
18H.30
19H.
19H.30
20H.
20H.30
21H.

VENDREDI
16

15H.
15H.30
16H.
16H.30
17H.
17H.30
18H.
18H.30
19H.
19H.30
20H.
20H.30
21H.

MEDI
7

DIMANCHE
18

TÉLÉPHONER

ÉCRIRE

VOIR

FAIRE

TÉLÉPHONER

LUNDI
19

8H.
8H.30
9H.
9H.30
10H.
10H.30
11H.
11H.30
12H.
12H.30
13H.
13H.30
14H.

ÉCRIRE

DI

FAIRE

*On a perdu en demi-finale
mais ce n'est pas grave...
Y'a un an, si on nous avait
dit qu'on serait en demi-finale...
On aurait signé tout de suite...
Y'a un an...
Si on nous l'avait dit...*

1993

AVRIL

JEUDI

22

15H. 15H.30 16H. 16H.30 17H. 17H.30 18H. 18H.30 19H. 19H.30 20H. 20H.30 21H.

VENDREDI

23

15H. 15H.30 16H. 16H.30 17H. 17H.30 18H. 18H.30 19H. 19H.30 20H. 20H.30 21H.

Tout est en place... Le gouvernement est au travail... Il règne autour de moi comme une douceur, un calme, j'aimerais dire une sorte de sérénité mais une chose encore plus forte... Depuis quelque Temps, je me sens d'humeur étrange...
Un indéfinissable état de tranquillité qui me transporte, un état dans lequel je me sens bien, qui me prend le matin tôt, et ne me lache qu'au coucher...
Toute la journée c'est lancinant, comme une douleur qui ne ferait pas mal mais qui serait là, impalpable et présente à la fois... Je n'ai jamais connu cet état... Je crois que je m'emmerde...
Oui, c'est ça ! JE M'EMMERDE ! Putain... Je m'emmerde moi, C'EST INOUÏ CE QUE JE M'EMMERDE !!!

EDI

4

DIMANCHE

25

TÉLÉPHONER

ÉCRIRE

VOIR

Trouver des trucs à faire

FAIRE

1993
AVRIL

TÉLÉPHO

NDI
6

ÉCRIRE

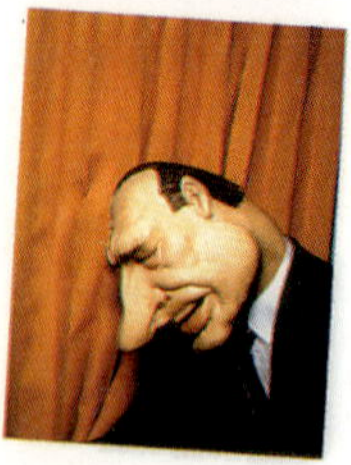

DI
7

VOIR

EDI
3

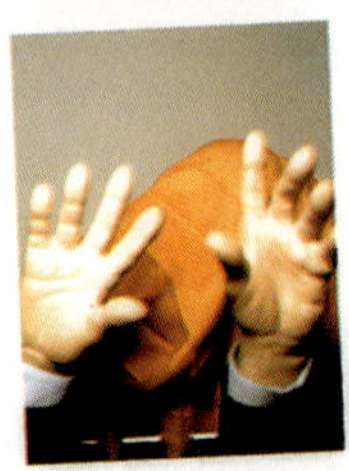

FA

30
H.
.30
H.
.30
3H.
13H.30
14H.

1993

AVRIL • MAI

JEUDI

29

15H.
15H.30
16H.
16H.30
17H.
Coiffeur — 17H.30
18H.
18H.30
19H.
19H.30
20H.
20H.30
21H.

TÉLÉPHONER

ÉCRIRE

je m'emmerde

VENDREDI

30

15H.
15H.30
16H.
16H.30
17H.
17H.30
18H.
18H.30
19H.
19H.30
20H.
20H.30
21H.

VOIR

Refaire photo pour mon permis (chez quelqu'un)

MEDI

DIMANCHE

2

AU COIN DE LA RUE

Mystérieuses disparitions canines

Dans la seule journée d'hier, les Pompiers du quatrième arrondissement ont reçu plus de 30 appels de propriétaires de chiens signalant la disparition de leur compagnon.
Coïncidence ou malversation, aucun élément n'a permis d'apporter un début d'explication.

XIVe : Benoît Vilpré en visite dans les [...]elles. A l'occa-

ternat
Exper
depui
expér
d'app
précé
l'éco
55, r
l'éco
rue I
Lors
anné
regr
en n
prim
d'unc

FAIRE

1993
MAI

TÉLÉPHONER

NDI
3

Coiffeur

En bref

Chiens disparus du 4ème arrondissement: le mystère

Les disparitions inexplicables de chiens continuent dans le quatrième arrondissement: dans la seule journée d'hier, ce ne sont pas moins de 500 propriétaires qui se sont signalés. Les messages fleurissent sur les poteaux. La SPA, de son coté, se déclare alarmée. On signale également deux disparitions dans le 2ème et 3ème arrondissement.

Découverte d'une femme préhistorique rue Lalo

ÉCRIRE

VOIR

FAIRE

Arrêter avec le coiffeur, j'ai plus un poil sur le caillou.

14H. 8H. 8H.30 9H. 9H.30 10H. 10H.30 11H. 11H.30 12H. 13H. 13H.30 14H. 8H. 8H.30 9H. 9H.30 10H. 10H.30 11H. 11H.30 12H. 12H.30 13H. 13H.30 14H.

LE FA

LE PARISIEN
VENDREDI 7 MAI 1993

1600 chie
disparus e

Pl
de
à
A

1993

MAI

JEUDI

6

15H.
15H.30
16H.
16H.30

Départ Week-end

JOUR

s parisiens une semaine

lle propriétaires de chiens ont signalé la disparition
npagnon dans la seule journée d'hier. Ce qui porte
nombre de victimes depuis le début de la semaine.
t cantonées dans le premier arrondissement, c'est
int l'ensemble de la capitale qui est concernée.
ier cette fois reconnu sérieux par le commissaire Ledu,
du dossier.

eur vouloir du mal ?

TÉLÉPHONER

ÉCRIRE

Acheter une perruque pour pouvoir retourner chez le coiffeur.

VOIR

Me suis encore emmerdé te semaine

FAIRE

LUNDI
10

AITS DIVERS ✶ 11

Affaire des chiens volés: enfin une piste!

Le commissaire Ledu, chargé de l'enquête sur les 8000 chiens disparus à Paris depuis le début du mois, a organisé une conférence de presse houleuse au cours de laquelle il a déclaré qu'un témoin, Madame Vachon, avait repéré un individu suspect attirant Sultan, le chien de sa voisine, dans un sac de jute à l'aide d'une saucisse. Madame Vachon, ancienne responsable de la sécurité du BHV, a pu faire de l'individu une description assez précise pour pouvoir établir un portrait robot. Cette fois les forces de l'ordre en sont convaincues: il s'agirait d'un tueur de chiens en série particulièrement dangereux, mais dont le mobile reste à déterminer.

J.-F.H.

En bref

Nouvelle scandale immobilier rue Chappe

Départ Week-end!

2H.
12H.30
13H.
13H.30
14H.

1993

MAI

TÉLÉPHONER

~~Stoffon~~

ANNULÉ
↓
Rachetez
perruque

Bebel et Kiki: un bonheur aujourd'hui brisé. (Photo X.)

KIKI LE CHIEN DE BEBEL DISPARAIT LUI AUSSI

*Cette fois, l'"**affaire des chiens disparus**" prend une nouvelle dimension. L'acteur **Jean-Paul Belmondo**, actuellement sur la scène du Théâtre de Paris pour **Tailleur pour Dames** (réservations 48-74-25-37) a eu la surprise de constater la disparition de son fameux chien **Kiki**. Interpellé hier à l'Assemblée Nationale, le ministre de l'intérieur **Charles Pasqua** a tenu à préciser qu'il suivait l'enquête de près et assurait tous les propriétaires parisiens de son soutien.*

PAGE 9

ÉCRIRE

VOIR

Je m'emmerde
mais alors
à un point
inouï !

SAM 1

DIMANCHE 16

FAIRE

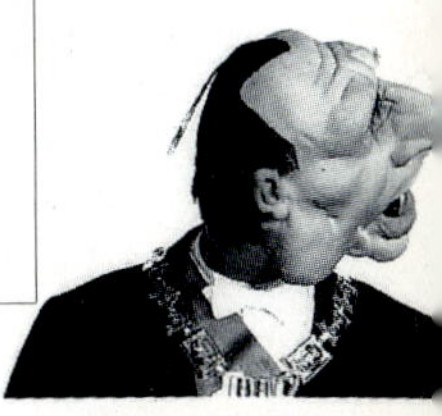

TÉLÉPHONER

Fran

TRIOS • TIERCE

37, rue du Louvre, 75070 Paris Cedex 02 - Tél: 44.82.87.00 • ISS
Petites annonces - Tél: 45.62.44.0• Saint Yves •N°14

Si vous croisez cet homme, rentrez votre chien!

C'E
«SE

Le portrait-robot qui accuse!

•L'homme aurait e
un emploi du temps
tous cas le commiss
tueurs en série, il e
homme peut-il en v
forces de l'ordre p

ÉCRIRE

VOIR

FAIRE

21H.

e-Soir

ARTE+, QUINTE+

Mercredi 19 mai 1993 CTD B 5F

T LUI LE RIAL DOG KILLER» !

ui seul plus de 11 000 chiens en un mois, ce qui suppose ièrement "souple" ● Alors, chomeur ou retraité ? ● En u ne néglige aucune piste ● Comme dans tous les cas de e d'apporter une explication rationnelle ● Comment un utant à nos charmants compagnons à quatre pattes ? Les plutôt avoir à faire à un déséquilibré ou à un mystique.

● Pages 2, 3 et 4, notre dossier

TÉLÉPHONER

15H.
15H.30
16H.
16H.30
17H.
17H.30
18H.
18H.30
19H.
19H.30
20H.
20H.30
21H.

Bon, faut que je bouge, sinon on va m'oublier. Je m'emmerde trop. Faut que je m'occupe quitte à être débordé !

ÉCRIRE

15H.
5H.30
6H.

VOIR

FAIRE

ARRÊTER AVEC LES CHIENS

1993

MAI

TÉLÉPHONER

ÉCRIRE

VOIR

FAIRE

LUNDI 24

8H. Débordé
8H.30
9H. Débordé
9H.30
10H. Débordé
10H.30
11H. Débordé
11H.30
12H. Débordé
12H.30
13H. Débordé
13H.30
14H. Débordé

Débordé
Débordé
Débordé
Débordé
Débordé
Débordé
Débordé

MARDI 25

8H. Débordé
8H.30
9H. Débordé
9H.30
10H. Débordé
10H.30
11H. Débordé
11H.30
12H. Débordé
12H.30
13H. Débordé
13H.30
14H. Débordé

Débordé
Débordé
Débordé
Débordé
Débordé
Débordé
Débordé

MERCREDI 26

8H. Débordé
8H.30
9H. Débordé
9H.30
10H. Débordé
10H.30
11H. Débordé
11H.30
12H. Débordé
12H.30
13H. Débordé
13H.30
14H. Débordé

Débordé
Débordé
Coiffeur 17H45
Débordé
Débordé
Débordé

1993

MAI

JEUDI
27

15H. 15H.30 16H. 16H.30 17H. 20H. 20H.30 21H.

VENDREDI
28

15H. 15H.30 17H. 17H.30 18H. 18H.30 19H. 19H.30 20H. 20H.30 21H.

SAMEDI
29

DIMANCHE
30

TÉLÉPHONER

ÉCRIRE

VOIR

FAIRE

Débordé
Débordé
Débordé
Débordé
Débordé
Débordé
Débordé
Débordé
Débordé
Débordé
Débordé
Débordé
DÉBORDÉ
DÉBORDÉ

Débordé
Débordé
Débordé
Débordé
Débordé
Débordé
Débordé
Débordé
Débordé
Débordé
Débordé
Débordé
Débordé

DÉBORDÉ

DÉBORDÉ

Bonne semaine
Bien Débordé !

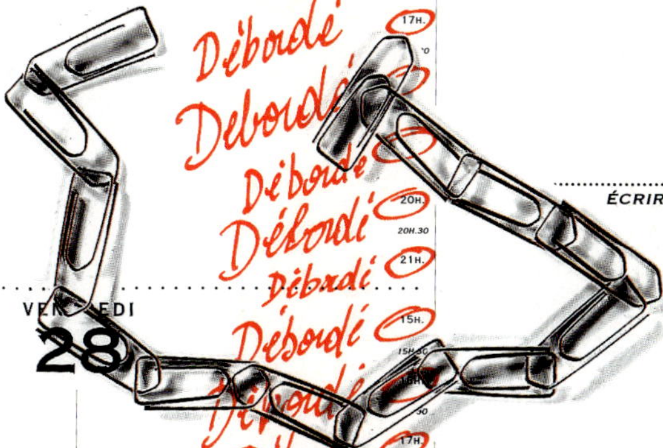

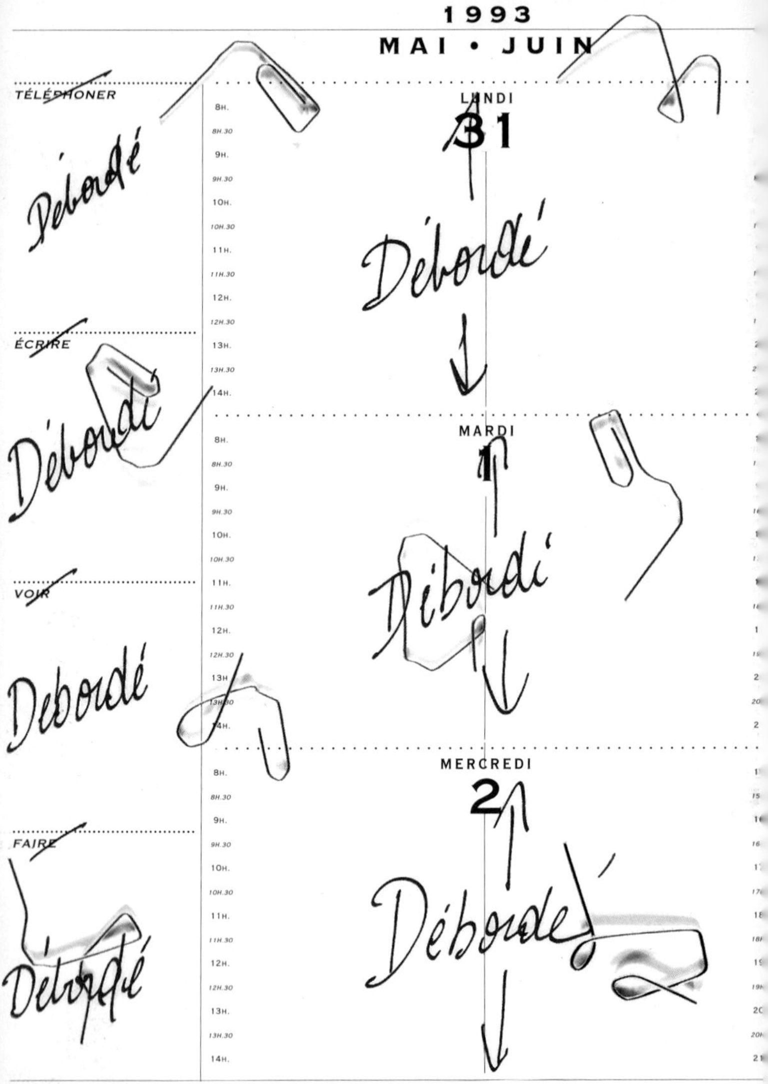

1993
MAI • JUIN
TÉLÉPHONER
Débordé
ÉCRIRE
Débordé
VOIR
Débordé
FAIRE
Débordé
LUNDI
31
Débordé
MARDI
1
Débordé
MERCREDI
2
Débordé
8H.
8H.30
9H.
9H.30
10H.
10H.30
11H.
11H.30
12H.
12H.30
13H.
13H.30
14H.

1993
JUIN

JEUDI
3

15H. 15H.30 16H. 16H.30 17H. 17H.30 18H. 18H.30 19H. 19H.30 20H. 20H.30 21H.

Débordé

VENDREDI
4

15H. 15H.30 16H. 16H.30 17H. 17H.30 18H. 18H.30 19H. 19H.30 20H. 20H.30 21H.

Débordé

SAMEDI
5

DÉBORDÉ !

DIMANCHE
6

DÉBORDÉ !

TÉLÉPHONER

Débordé !

ÉCRIRE

Débordé

VOIR

Me reposer un peu
TROP DÉBORD

FAIRE

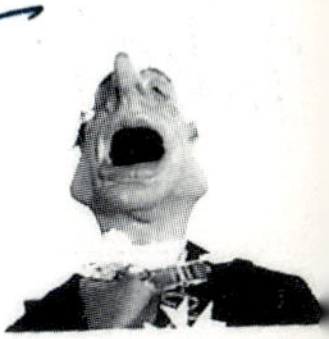

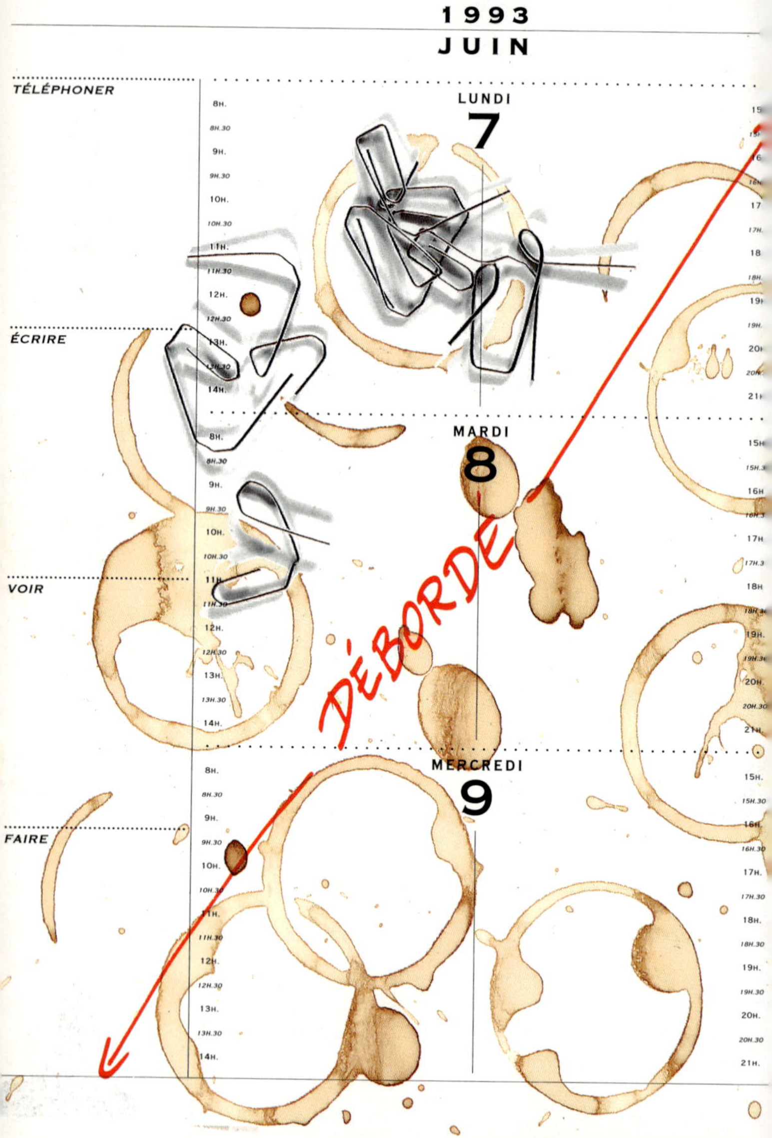
1993
JUIN
TÉLÉPHONER
ÉCRIRE
VOIR
FAIRE
LUNDI
7
MARDI
8
MERCREDI
9
8H.
8H.30
9H.
9H.30
10H.
10H.30
11H.
11H.30
12H.
12H.30
13H.
13H.30
14H.
15H.
15H.30
16H.
16H.30
17H.
17H.30
18H.
18H.30
19H.
19H.30
20H.
20H.30
21H.
DÉBORDÉ

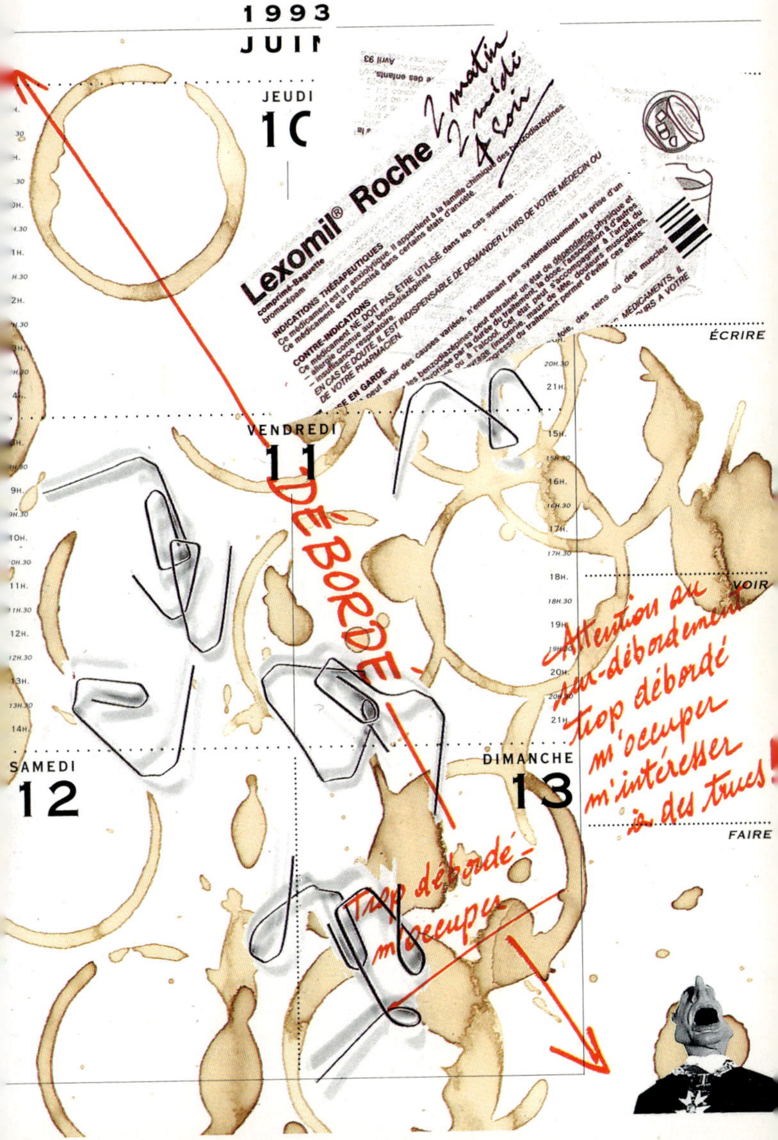
1993
JUIN
JEUDI
10
Lexomil® Roche
comprimé-Baguette
bromazépam
INDICATIONS THÉRAPEUTIQUES
Ce médicament est un anxiolytique. Il appartient à la famille chimique des benzodiazépines
Ce médicament est préconisé dans certains états d'anxiété.
CONTRE-INDICATIONS
Ce médicament NE DOIT PAS ÊTRE UTILISÉ dans les cas suivants :
– allergie connue aux benzodiazépines
– insuffisance respiratoire.
EN CAS DE DOUTE, IL EST INDISPENSABLE DE DEMANDER L'AVIS DE VOTRE MÉDECIN OU DE VOTRE PHARMACIEN.
MISE EN GARDE
2 matin
2 midi
4 soir
ÉCRIRE
VENDREDI
11
DÉBORDÉ
VOIR
Attention au sur-débordement
trop débordé
m'occuper
m'intéresser
à des trucs!
SAMEDI
12
DIMANCHE
13
FAIRE
Trop débordé-
m'occuper

1993

TÉLÉPHONER

Je vais m'acheter plein de disques et me faire une bonne culture musicale pour les jeunes!

ÉCRIRE

8H. 8H.30 9H. 9H.30 10H. 10H.30 11H. 11H.30 12H. 12H.30 13H. 13H.30

→ FNAC

Suis allé à la FNAC. Inouï! Pas un disque. Rien! Aucun! Nulle part! Suis reparti en faisant un scandale.

HAPPY HOUR 17H. / 24 H.
LE ROCK'N'ROLL VIBRATION
ROCK BAR TEX-MEX

...ojet de chanson pour Johnny

...i je suis un rebelle
...est une ribambelle
...a des casques en fer
~~...on sait y faire~~
~~...se laisse pas faire~~
~~...les laisse pas par terre~~
~~...est vachement fiers~~
...ntièrement en fer

...emander au groupe "Compil" de m'écrire mon projet.

Suis retourné à la FNAC. Finalement, paraît que les disques, maintenant, c'est tout petit et ça n'est plus noir. Ça s'appelle des "LASER". S'en méfier. Demander à Charles.

MERCR

16

→ FNAC →

Ai demandé à Charles. M'a prêté l'appareil de Sarkozy. Ai acheté des "LASER": un "LASER" de musique militaire et un "LASER" de Line Renaud. Ai écouté le "LASER" de Line Renaud. Très bien. Ai écouté mon "LASER" de musique militaire. Très bien aussi. Garder l'appareil de Sarkozy à Charles.

14H.

19H. 19H.30 20H. 20H.30 21H.

1993
JUIN

JEUDI
17

FNAC

Suis retourné au
agasin pour m'intéresser
la musique rock en LASER
prends rien. Y en a plein.
Le nombre de gars qui font
rock en LASER, INCROYABLE!
Mais ceux qui marchent le
mieux, c'est le groupe
"COMPIL"

Mon alibi
pour l'affaire
OM-VA

AUTOROUTES DU NORD
ET DE L'EST DE LA FRANCE
SANEF A1-A2-A26
BP73 60304 SENLIS Cedex
ATTESTATION DE PASSAGE
Date : 17/06/93
Receveur : 110/0437
Sortie............ROISSY
Entree...VALLEE DE LA SO
Classe tarif..........1
Categorie fiscale......0
Km parcourus.......102,7
TARIF..... 35,00 F

VENDR
1

Johnny
Parc des Princes

20H.
20H.30
21H

DIMANCHE
20

FAIRE

Ai écouté
tout "Compil"
ompil" m'emmerde

Arrêter la musique
me balader un peu
dans Paris
Retrouver ma ville.

TÉLÉPHONER

8H.
8H.30
9H.
9H.30
10H.
10H.30

15
15
16

Propreté
de Paris

*Baignade reportée
à l'année prochaine*

MAIRIE DE PARIS

ÉCRIR

SYNDICAT DES

CONFID

Paris, le 21 JUIN 1993

COMPOSITION DE L'EAU DE LA SEINE
AU 16/06/93

Nitrates :	32,0
Chlore :	4,8
Mazout :	1,3
Soufre :	0,9
Sulfure d'hydrogène :	3,7
Soude :	12,6
Goudrons :	10,7
Nicotine :	0,4
Solides divers :	30,6
Eau :	3,0

VOIR

FAIRE

Conclusions de la commission de sécurité

Eau impropre à la consommation, totalement insalubre vo
dangereuse en certains endroits. Toute baignade y
formellement déconseillée.
La demande formulée par le Maire de Paris d'assainissem
d'une dizaine de mètres du fleuve face Hotel de Ville à des
de baignade télévisée est irréaliste en l'état actuel de
techniques. Il est raisonnable d'envisager un début
dépollution à l'horizon 2024.

CONFIDENTI

20H.
21H.

1993

JUIN

JEUDI

24

CINEMATHEQUE
DE PARIS
CYCLE
MARCEL DASSAULT
· LA BOUM 1 · LA BOUM 2
· HOTEL DE LA PLAGE
22H20
3.06.93
34.00

NER

ODE A PARIS

Ô capitale, ville lumière.
ta Seine, tes mercières
fort de toi et tes "fluctue"
~~l'impératrice grandeur~~ une beauté
~~à mon~~ dans mes bras,
j'aime tes titis, tes cafés, tes zombies,
marcher... marcher...
tes artères, ~~tes pépés~~
ta beauté...

ÉCRIRE

J'aime tes rues.
Toutes tes rues, même
celles où les chiens
vont faire leurs
besoins... Putain!
Il faut trouver un
moyen pour se
débarrasser de ces
bêtes à tout jamais!

VERN

Il est inconcevable que
les honnêtes citoyens
supportent des crottes sur
mes trottoirs, s'il le faut,
j'en appellerai à la ligue
des droits de l'homme, on
va pas se laisser emmerder...
Convoquer dès demain une
réunion à la mairie
pour résoudre ce problème
UNE BONNE FOIS POUR
TOUTES!!

21H.

MED

26

DIMANCHE

27

FAIRE

Paris me fatig
Rencontrer des
sportifs!
Ils sont séri

TÉLÉ

ÉC

R.V. avec Denisot (réviser tous les noms des joueurs du PSG)

Vélo avec Antoine de Caunes ANNULÉ

Natation avec Drucker ANNULÉ

FAIRE

Réviser mes photos de Sport

8H.
8H.30
9H.
9H.30
10H.
10H.30
11H.
11H.30
12H.
12H.30
13H.
13H.30
14H.

15H
16
16H
17
17H
18
18H
19
19H
20
20H
21

TÉLÉPHONER

~~chel Jazy~~
~~le Ecotopak~~
~~ette Goetchel~~
~~e Besson~~
~~in Prost~~

ÉCRIRE

~~Raymond Kopa~~

15H.

~~– Pierre de Coubertin ?~~

16H.

16H.30

17H.

17H.30

18H.

18H.30

VOIR

19H.

19H.30

20H.

20H.30

21H.

LE SPORT ME FAIT CHIER !
M'introduire dans le Show-Business

AM
3

CHE
4

FAIRE

T'as pas reçu mon kit Biceps Worker –
Voir Charles

TÉLÉPHONER

Il faut que je me fasse une image Show-business, Si on me voit avec des vedettes, ça fait le gars qui connaît du monde et qu'est sympa. Les gens aiment les vedettes, si on me voit copain avec des vedettes les gens vont donc m'aimer.

ÉCRIRE

VOIR

FAIRE

LUNDI

5

Le Maire de Paris

Paris,

LISTE DES VEDETTES A CONTACTER POUR ÊTRE COPAIN AVEC

~~Charlot~~ Charlie Chaplin → pas disponible
~~Rocky Rambo~~ Stallone → très pris ce mois-ci
Michael Jackson → me rappellera
Prince → aurait aimé, mais peut pas
Robert de Niro → pas libre
Frank Sinatra → pas libre
Pavarotti → a pas pu se libérer
Les Rolling Stones → pas là
Souchon → une autre fois
Jean-Jacques Goldmann → a la grippe
Renaud → en tournée
→ n'habite plus à l'adresse indiquée
Eddy Mitchell → ~~rappeler~~ ~~rappellera~~ rappellera
Aznavour → est à l'étranger
Michel Jonasz → débordé
Patricia Kaas → pourquoi pas, mais pas maintenant
Richard Clayderman → injoignable
Frédéric François → Oui, mais non
Hervé Vilard → emploi du Temps chargé jusqu'en 98
Serge Lama → a mal à la tête
C. Jérôme → n'a pas une minute à lui
Dick Rivers → en plein enregistrement
Guy Lux → trop de travail
Charlotte Julian → surchargée
Marcel Amont → over booké (?)
Bézu → problème de voiture
Chantal Goya → ~~Oui~~ non
Nestor le pingouin → d'accord, mais ne peut pas.
Géronimo → en tournée
Line Renaud → OK

11H.
11H.30
12H.
12H.30
13H.
13H.30
14H.

→ Photo line Renaud

1993

15H.
15H.30
16H.
16H.30
17H.
17H.30
18H.
18H.30
19H.
19H.30
20H.
20H.30
21H.
.
5H.
4.30
H.
30
I.
'0

TÉLÉPHONER

ÉCRIRE

VOIR

Le show bizz m'emmerde et me dessert...
Allez voir les françai
les vrais ploucs...
Prendre l'air à la campagne

FAIRE

Vicomte Paul de la Panouse
31ème du nom

C'est le gars des dromadaires.

CHÂTEAU DE PEAUGRES
(ARDÈCHE)

1993
ILLET

LUNDI
12 De la Panouse C
7 - Peaugre

Dingue
Dingue Dingue.
C'est dingue les zoos !
J'ai vu de tout ! Des ouistitis
en pagaille, des dromadaires,
des zèbres, un éléphant énorme !
J'adore les animaux. Le zoo
est l'endroit idéal pour les
animaux. Faire un projet
de loi pour mettre
les Chiens au
Zoo !

Photo main 1

Photo main 2

REDI
14 Ai voulu
faire une photo de
ouistiti ! Me suis fait
voler mon appareil de
photos. Inouï ce que
c'est agile ces
bestioux !

Photo main 3

Photo main 4

Putain.
…x heures pour
…ouper mon
appareil !

15H.
16H.
16H.30
17H.
17H.30
18H.
18H.30
19H.
19H.30
20H.
20H.30
21H.

TÉLÉPHONER

Dingue !
Ai couru après le
ouistiti ! Inouï ce que
ça court vite un ouistiti !
Forcément, ça a quatre
pieds. Ou quatre mains.
S'en méfier.
Demander à Charles

ÉCRIRE

15H.
15H.30
16H.
16H.30
17H.
17H.30
18H.
18H.30
19H.
19H.30
20H.
20H.30
21H.

VOIR

Les ouistitis
me fatiguent.
Me ressourcer.
Me reposer.
Lire.

ME

ANCHE
18

FAIRE

1993
JUILLET

TÉLÉPHONER

8H.

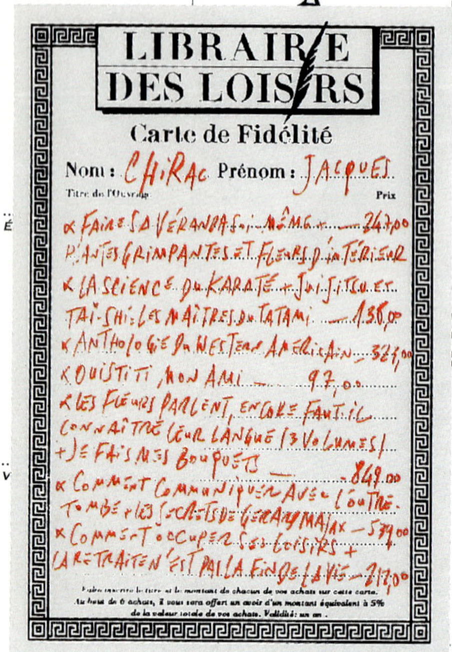

LIBRAIRIE DES LOISIRS

Carte de Fidélité

Nom : CHIRAC Prénom : JACQUES

Titre de l'Ouvrage	Prix
× FAIRE SA VÉRANDA SOI-MÊME +	247,00
PLANTES GRIMPANTES ET FLEURS D'INTÉRIEUR	
× LA SCIENCE DU KARATÉ + JUIJITSU ET TAÏ-SHI : LES MAÎTRES DU TATAMI	136,00
× ANTHOLOGIE DU WESTERN AMÉRICAIN	321,00
× OUISTITI, MON AMI	97,00
× LES FLEURS PARLENT, ENCORE FAUT-IL CONNAÎTRE LEUR LANGUE (3 VOLUMES) + JE FAIS MES BOUQUETS	849,00
× COMMENT COMMUNIQUER AVEC L'OUTRE-TOMBE + LES SECRETS DE GÉRARD MAJAX	579,00
× COMMENT OCCUPER SES LOISIRS + LA RETRAITE N'EST PAS LA FIN DE LA VIE	217,00

Faire inscrire le titre et le montant de chacun de vos achats sur cette carte.
Au bout de 6 achats, il vous sera offert un avoir d'un montant équivalent à 5% de la valeur totale de vos achats. Validité : un an.

LUNDI 19

lecture

Dîner

MARDI 20

littérature

Dîner

MERCREDI 21

8H.30
9H.
9H.30
10H.
10H.30
11H.
11H.30
12H.
12H.30
13H.
13H.30
14H.

bouquin

Déjeuner

acheter livres

Dîner

FAIRE

1993

JUILLET

JEUDI **22**

acheter bibliothèque

Déjeuner

Monter bibliothèque

Dîner O

VENDREDI **23**

~~Ranger~~ livres

Déjeuner

Jeter livres

Dîner O

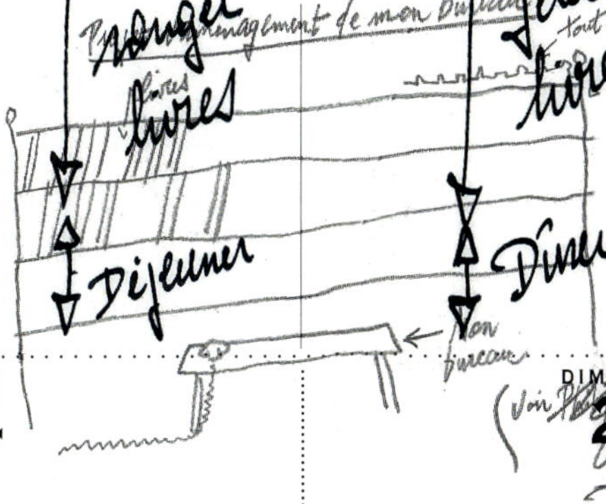

SAMEDI **24**

DIMANCHE **25**

(Voir ~~[illegible]~~ Chinois)

15H. 15H.30 16H. 16H.30 17H. 17H.30 18H. 18H.30 19H. 19H.30 20H. 20H.30 21H.

LA LECTURE ME FAIT CHIER !!!

TÉLÉPHONER

ÉCRIRE

Partir en vacances
- Paris ? Trop de chiens -
- Étranger ? Trop fatigant -
- Campagne ? oui, maison -
USSEL

VOIR

Bien Ussel
réserver
~~[illegible]~~
~~[illegible]~~
voiture
~~[illegible]~~
~~essence~~
diesel

FAIRE

1993

JUILLET

TÉLÉPHONER

ÉCRIRE

VOIR

FAIRE

VACANCES

LUNDI

26 VACANCES !

8H. 8H.30 9H. 9H.30 10H. 10H.30 11H. 11H.30 12H. 12H.30 13H. 13H.30 14H.

Arrivée à Ussel. Quel calme !
Je vais bien me reposer.

MARDI

27

8H. 8H.30 9H. 9H.30 10H. 10H.30 11H. 11H.30 12H. 12H.30 13H. 13H.30 14H.

AI VU UN AIGLE !
C'est majestueux
un aigle.

MERCREDI

28

8H. 8H.30 9H. 9H.30 10H. 10H.30 11H. 11H.30 12H. 12H.30 13H. 13H.30 14H.

D'après le facteur, il s'agissait
plutôt d'une buse.

<u>Pas de courrier</u>

1993

JUILLET • AOUT

TÉLÉPHONER

JEUDI

29

C'est incroyable une buse : ça vous monte à des cent cent-dix mètres de haut, ça plane en faisant des ronds et puis d'un coup ça pique comme un caillou.
Et comme ça jusqu'à des 11 heures du soir, qu'il pleuve ou qu'il vente !
INCROYABLE !

VENDREDI

30

Ai attrapé un rhume hier soir. Les cris usuels de la buse sont : "IÈÈÈÈÈH" le matin, un peu comme un chat quand il souffle, "PSIIII" l'après-midi et "KSIÈÈÈÈÈ" dans la soirée. La buse se méfie des imitations de l'homme.

AMEDI

31

Aujourd'hui, 6 heures d'affût. Ai observé une buse emportant une souris ! C'est inouï la force que ça a dans les pattes ce bestiau-là ! Inouï !
Ai trouvé une plume.
Aile ou queue ?

EN PARLER À EDOUARD

D'après l. il s'agira plutôt d'une musaraigne la souris de la buse d'hier. Et d'une plume de queue.

TOUJOURS PAS DE COURRIER

IRE

VOIR

← Plume de buse trouvée le 31/07/93

FAIRE

TÉLÉPHONER

Ai appelé Edouard pour la buse. Il a été très froid. Ah celui-là, à part le boulot !

ÉCRIRE

** BIENVENUE A **
HYPERMARCHÉ
MAMMOUTH
=================
BRIVE-LA-GAILLARDE

Ba I No: 1 Client No: 1260
DATE :03/08/93
VENDEUR No :27

Jouet mécan. 28,80
Télécopieur 4585,00

2 Articles
TOT… 13,80

8H.

3

Suis allé au Mammouth de Brives pour acheter une souris mécanique pour ma buse. C'est incroyable le Mammouth il y a de tout ! C'EST INOUÏ !

En ai profité pour acheter un fax. C'est inimaginable ce truc-là ! On peut envoyer des lettres et des dessins partout dans le monde ! Et ça arrive en même temps qu'on le fait !

MERCREDI

INIMAGINABLE

4

La buse se méfie encore de ma souris mécanique. Elle a bien tourné 4 heures au-dessus, mais rien à faire. Ai envoyé un fax du trajet-type de buse à Denisot.

1993
AOUT

JEUDI

5

15H.

La souris est collée
Pas de réponse
de Denisot.

TÉLÉPHONER

Edouard
Denisot

VENDREDI

6

La buse ne vient plus

VOIR

MEDI

7

Pas de buse.
Pas de courrier.
Toujours rien
du côté de
Denisot

8

La buse
est revenue !!!
Elle a embarqué
un mulot.

FAIRE

1993
AOUT

TÉLÉPHONER

Edouard

ÉCRIRE

8H. 8H.30 9H. 9H.30 10H. 10H.30 11H. 11H.30 12H. 12H.30

LUNDI
9

C'EST INCROYABLE CE QUE JE M'EMMERDE !

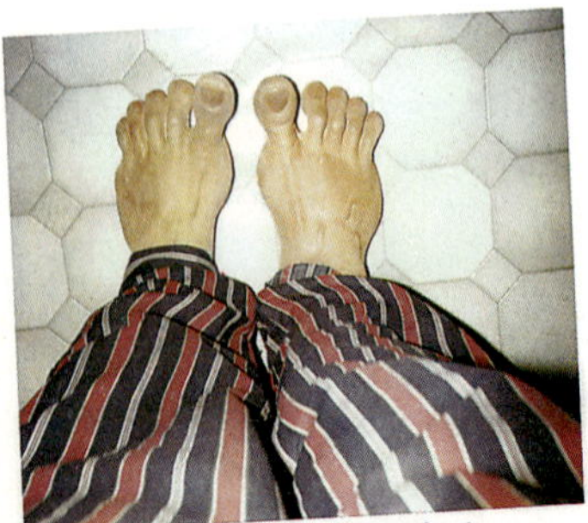

8 Heures

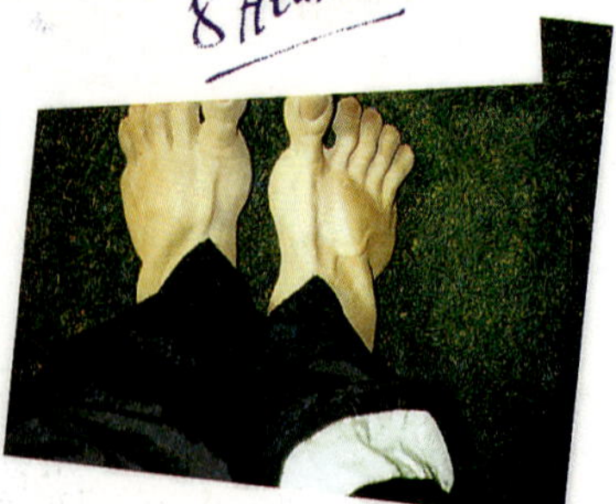

12 Heures

BRIVE-L
Ba I No:
DATE
VEND
Velo T
Surve
2
TOT
**

14H.

MARDI
10

Suis retourné ~~chez~~ ~~au~~ à dans le Mammouth de Brives. Ai acheté un vélo de cross, un survêtement et des baskets de sport à « La Halle aux chaussures ». Ils m'ont appris un truc inouï : on aurait tous un pied plus grand que l'autre. Tous. C'EST INOUÏ. Moi ce serait le gauche.

[ME]RCREDI
11

Ai regardé mes pieds toute la journée. C'est vrai il y a une sacrée différ[ence] le soir surtout. En ai pa[rlé] à Edouard au téléphone. Il dit que lui non, il n'a[...] un pied plus grand que l'[...] le soir, mais que par cont[re] il a beaucoup de trava[il]

JEUDI
12

fait du vélo de
l. D'après le facteur, on
VTT. Pas de courrier.
Etonnant le VTT, c'est
nme un vélo mais avec
uante vitesses et des couleurs
es. Comme mon survêt. En
finitive, c'est comme une
oto de cross mais sans
moteur.

IONER

16 Heures

RIRE

VENDREDI
13

uis tombé en VTT en
llant trop vite dans
ne descente. J'étais
oursuivi par la buse.
Je me suis
fait un mal
de chien.

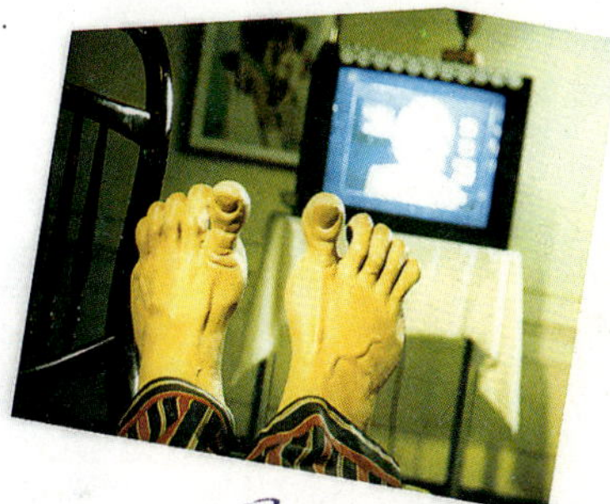

22 Heures

VOIR

MEDI
4

AUJOURD'HUI DÉTENTE.

DIMA...
15

C'est incroyable ce
que c'est pratique le
survêt. Finalement ça peut
servir de vêtement de tous les
jours, d'imperméable, de
pyjama et puis de survêt.
Et ça contient les poches,
ça contient. C'est inimaginable.
Au téléphone, la secrétaire
d'Edouard me dit qu'il est pas
là et qu'elle a pas un pied
plus grand que l'autre le
soir non plus.

FAIRE

TÉLÉPHONER

ÉCRIRE

VOIR

Paris-Ussel = 503 Km x 2
= 1006 Km

	Diesel	Essence
Prix du litre	3,40F	5,60F
Consom. au 100 Km	10 L	14 L
Consom. pour 1006 Km	100,6 L	140,84 L
Total	342,04F	788,70F

Différence : 446,66F
C'est Inouï le diesel !!!

LUNDI 16

8H. 8H.30 9H. 9H.30 10H. 10H.30 11H. 11H.30 12H. 12H.30 13H. 13H.30 14H.

JE M'EMMERDE !

MARDI 17

8H. 8H.30 9H. 9H.30 10H. 10H.30 11H. 11H.30 12H. 12H.30 13H.

PAREIL QU'HIER
MAIS PLUS !

MERCREDI 18

Suis allé à Paris acheter un bouquin sur les buses. Paris-Ussel, aller-retour, à peine un plein. C'est inouï le diesel. Bon, à l'achat, bien sûr, c'est un peu plus cher, mais au bout du compte, finalement, on s'y retrouve par rapport à l'essence. Suis passé par hasard devant Matignon. En ai profité pour rendre une visite surprise à Edouard. Très froid. N'a pas voulu me montrer ses pieds. M'a trouvé très fatigué.
Sans doute jaloux de mon survêt.

1993
AOUT

JEUDI

19

USSEL !

Enfin un peu de bonne lecture et de bon repos !

VENDREDI

20

Ai lu les 9 tomes de l'encyclopédie "Géroudet" des rapaces diurnes.
C'EST INCROYABLE !
Incroyable ce que je m'emmerde.
Je rentre à Paris.

SAMEDI

21 → PARIS

AAAH !
De retour à Paris.
Bien détendu.
Bien reposé.

DIMANCHE

PARIS ← **22**

M'EMMERDE

TÉLÉPHONER

ÉCRIRE

VOIR

FAIRE

1993
AOUT

TÉLÉPHONER

Edouard

Denisot

8H.
8H.30
9H.
9H.30
10H.
10H.30

LUNDI
23 PARIS

Qu'est-ce que je pourrais bien faire ? Tiens... si je faisais venir les Télécom. Mon Téléphone ne doit plus marcher : je n'arrive pas à joindre ni Edouard ni Denisot.

MARDI
24 PARIS

INSUPPORTABLE !!!

J'étais mieux à Ussel :
je m'emmerdais, mais mieux.

MERCREDI
25

Je repars à Ussel
réparer la souris
mécanique
cassée.

1993
AOUT

JEUDI
26

La souris remarche. c'est le ressort qui était sorti de l'encoche de l'embout de la roulette motrice.

VENDREDI
27

C'EST INSUPPORTABLE CE QUE JE M'EMMERDE !

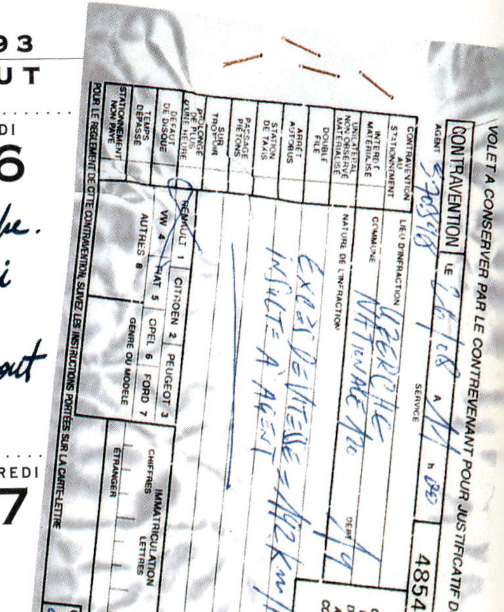

En parler à Charles

AMEDI
28

Ai revu la buse.
st inouï à quel point
m'en fous de cette buse.
Je n'en peux plus !
La politique me manque...

Je sais bien qu'il faut que j'attende, mais je n'en peux plus.

Je rentre à Paris

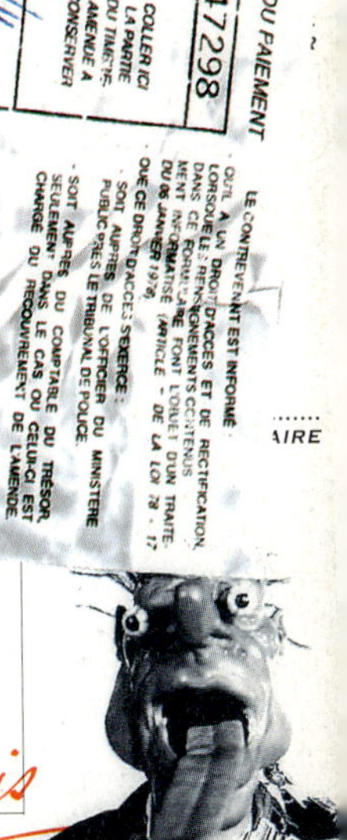

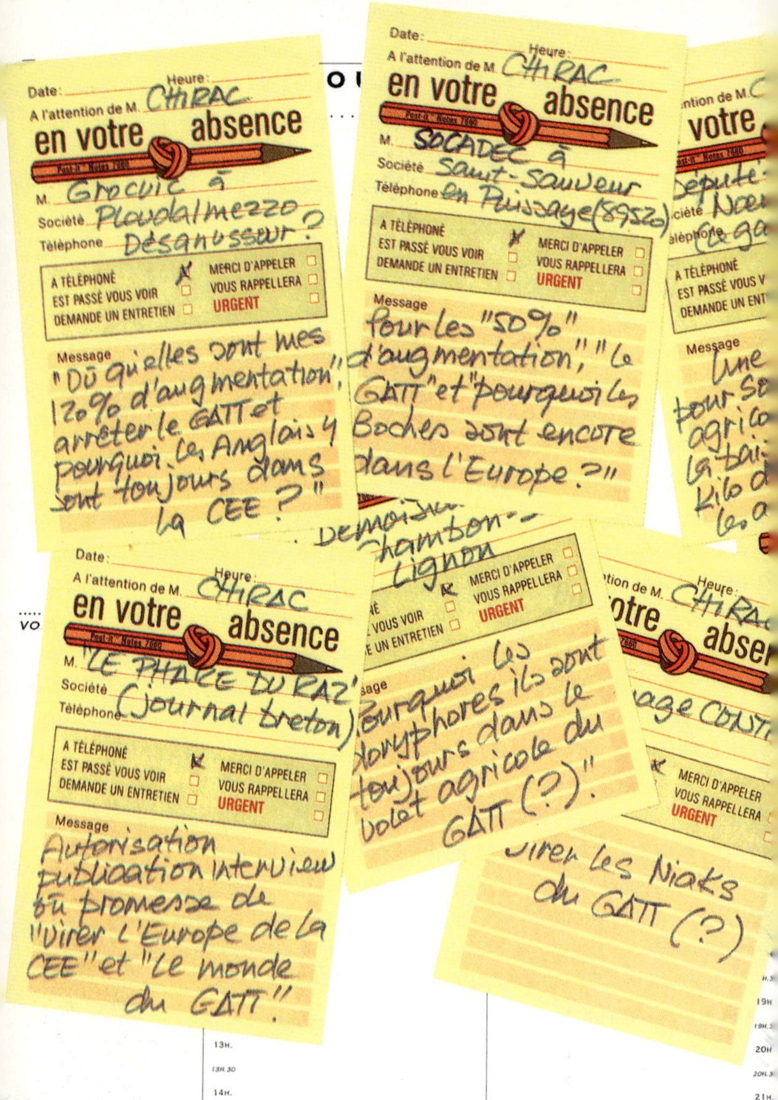

Date: Heure:
A l'attention de M. CHIRAC
en votre absence
M. Grocuic à
Société Ploudalmezzo
Téléphone Désanusseur ?
A TÉLÉPHONÉ
EST PASSÉ VOUS VOIR
DEMANDE UN ENTRETIEN
MERCI D'APPELER
VOUS RAPPELLERA
URGENT
Message
"Dû qu'elles sont mes 120% d'augmentation", arrêter le GATT et pourquoi les Anglais y sont toujours dans la CEE ?"
Date: Heure:
A l'attention de M. CHIRAC
en votre absence
M. SOCADEC à
Société Saint-Sauveur
Téléphone en Puisaye (89520)
A TÉLÉPHONÉ
EST PASSÉ VOUS VOIR
DEMANDE UN ENTRETIEN
MERCI D'APPELER
VOUS RAPPELLERA
URGENT
Message
Pour les "50%" d'augmentation", "le GATT" et "pourquoi les Boches sont encore dans l'Europe ?"
Date: Heure:
A l'attention de M. CHIRAC
en votre absence
M. "LE PHARE DU RAZ"
Société (journal breton).
Téléphone
A TÉLÉPHONÉ
EST PASSÉ VOUS VOIR
DEMANDE UN ENTRETIEN
MERCI D'APPELER
VOUS RAPPELLERA
URGENT
Message
Autorisation publication interview où promesse de "virer l'Europe de la CEE" et "Le monde du GATT".
Chambon-Lignon
MERCI D'APPELER
VOUS RAPPELLERA
URGENT
Pourquoi les doryphores ils sont toujours dans le volet agricole du GATT (?)".
Heure:
A l'attention de M. CHIRAC
en votre absence
MERCI D'APPELER
VOUS RAPPELLERA
URGENT
virer les Niaks du GATT (?)
13H.
13H.30
14H.
19H
20H
21H

1993

…EMBRE

15H.
15H.30
16H.
16H.30
17H.
17H.30
18H.
18H.30
19H.
19H.30
20H.
20H.30

Date:
Heure:
A l'attention de M. CHIRAC
en votre absence
M. Eleveur de bovins
Société de Pellouailles
Téléphone les ?

A TÉLÉPHONÉ ☒ MERCI D'APPELER ☐
EST PASSÉ VOUS VOIR ☐ VOUS RAPPELLERA ☐
DEMANDE UN ENTRETIEN ☐ URGENT ☐

Message
"Arrêter le GATT", "L'augmentation du sperme" et la Hollande (?).

…de …mines …olet ?)
D'APPELER ☐ …RAPPELLERA ☐ …ENT ☐
…e …oral …ernant …rix du …on dans du GATT.

…rlerel …int-Honoré …s-Bains
☒ MERCI D'APPELER ☐
…US VOIR ☐ VOUS RAPPELLERA ☐
…ENTRETIEN ☐ URGENT ☐
…êche du brochet …ce qu'elle est …s les accords du GATT ?

Heure:
…CHIRAC
absence
du Crédit
Société Agricole de
Téléphone TRÉLON

A TÉLÉPHONÉ ☒ MERCI D'APPELER ☐
EST PASSÉ VOUS VOIR ☐ VOUS RAPPELLERA ☐
DEMANDE UN ENTRETIEN ☐ URGENT ☐

Message
Les 70 % d'augmentations du quintal de blé promis à Monsieur DOCRUET, céréalier.

TÉLÉPHONER

Se documenter sur ce qui s'est passé pendant les vacances, les sondages, Mon gouvernement d'Edouard, Tout ça...

ÉCRIRE

VOIR

FAIRE

Pour Gisèle
Dire à Edouard de pas signer
le GATT et tous les trucs qu'on a dit,
là, machin.

199…
SEPTE…

TÉLÉPHONE

LUN…

Chirac			
Edouard Balladur	75	↗	+36

Pasqua			
Jacques Chirac	43	↘	-4
Edouard Balladur	75	–	–

AVRIL : Il monte. Forcément. C'est mathématique, avec tous les % que je lui ai prêté au début, il monte. Et moi je descends d'autant. C'est mathématique.

MAI : Il monte. Plus que ce que je descends. C'est physique. Plus ses % montent moins les miens descendent. C'est physique.

ÉCRIRE

MARDI

Philippe Seguin			
Jacques Chirac	42	↘	-1

Jacques Chirac	39	↘	-3
Edouard			

VOIR

JUIN : Il monte. Ce doit être chimique. À force de monter ses % doivent devenir du gaz. Et les miens du plomb. C'est chimique...

JUILLET Il monte. Là c'est chiatique. Lui demander de me rendre mes % du début que je lui ai prêté. C'est chiatique.

MER…

FAIR…

			+5
Jacques Chirac	37	↗	-2
Edouard Balladur	69	–	–

Barre			
Jacques Chirac	36	↘	-3
Edouard Balladur	67	↘	-2

AOÛT Il monte. Comprends pas. C'est les vacances. Il fait rien. Il monte. Je fais rien, je descends. C'est pas juste.

SEPTEMBRE Ça y est, il baisse. Je l'avais dit... et moi je... Non. Je baisse aussi !

1993

SEPTEMBRE

H. ...DI

TÉLÉPHONER

A Edouard p
ui demande
qu'il foutai
avec VALÉR

Mettre Edouard
sur écoute
Dès qu'on au
trouvé son
Numéro

VALÉRY

Raisons pour
lesquelles il a
vu Edouard

20H.30

21H.

MAIS QU'EST-CE QU'IL FONT ENSEMBLE ??

JE VEUX SAVOIR
J'AI LE DROIT.

11

DIMANCHE 12

FAIRE

Tel Valéry
" Edouard
Aller chercher Valéry
Aller chez Edouard
Aller à Matignon
Aller à l'Elysée
Trouver Edouard
Aller au Sénat
voir Charles

Mais bon Dieu,
où ils sont
Tous ?

1993
SEPTEMBRE

LUNDI 13

8H.
8H.30
9H.

HYPOCRITE ! Par devant il dit qu'il est en retraite, et par derrière, il revient à son boulot d'il y a 12 ans !

ÉCRIRI

MARDI 14

Je vais les emmerder.
Je vais briser Valéry.
Je vais mettre tous les Services Secrets sur le coup !

MERCREDI 15

8H.30
9H.
9H.30
10H.
10H.30
11H.
11H.30
12H.
12H.30
13H.
13H.30
14H.

Salaud !!!
Il veut se venger,
il veut me piquer Edouard !

EGOÏSTE !
Lui, il a déjà eu le boulot !

1993
SEPTEMBRE

JEUDI
16

R.V SDECE
Pendant rien faire, C'est Edouard le patron. Il les tient.

R.V. DGSE
~~Services Secrets~~
Même adresse que SDECE, finalement, c'est les mêmes.

VENDREDI
17

R.V. R.G.
~~Renseignements Généraux~~ Charles pas d'accord. Il est avec eux !

Coiffeur

SAC. Existerait plus. En tout cas pas à ma vieille adresse.

16H.30 LAMOTTE de chez VISEX
17H.
17H.30
18H.
18H.30
19H. → Le gars a l'air bien... Ancien militaire. Fiable. Il est des nôtres (S'en méfier)
19H.30
20H.
20H.30
21H.

IRE

FAIRE

SAMEDI
18

Ils sont tous contre moi. Je vais me débrouiller tout seul !

DIMANCHE
19

Faire suivre Edouard

Aller chercher photos à développer (16H)

1993

S MBRE

TÉLÉPHONE

AMOTTE
CHEZ V

VO

Vi

FAIRE

SUIVE
EDO

1993

SEPTE…

…ÉPHONER

ÉCRIRE

VOIR

FAIRE

LAMOTTE & Fils
Agence VISEX

1/1

V.RÉF. XXx

N.RÉF. 33-09-779-031

PUTEAUX, le 23 septembre 1993

Compte rendu d'enquête commandée le **17 septembre de l'an 1993 (*mil neuf cent quatre vingt treize*)** par le sieur **Chirac *dont le nom doit, et à sa demande, rester secret*** sus dénommé "***le suiveur***" à l'encontre du sieur **Balladur Edouard** demeurant à l'hôtel Matignon sis à Paris et sus dénommé "***le suivi***".

*
* *

A été procédé à une série de filatures classiques opérées dans la ville de Paris et dans toute la France métropolitaine à l'exception de la Corse où "***le suivi***" ne s'est rendu à aucun moment de l'enquête sauf omission peu probable de notre part.

*
* *

Le **20 septembre 1993 (*vingt septembre mil neuf cent quatre vingt treize*)**. Observation éloignée pratiquée à la jumelle *(x 20)* du …ieur **Balladur** sus nommé "***le suivi***" du toit de l'immeuble adjacent et …ntigu par effet de réverbération sur les baies vitrées de l'immeuble …tué face à icelui.

Avons observé le sieur **Balladur** lors de sa toilette et de sa …llation matinale *(petit déjeuner)* pendant près de 35 minutes. Le "…*uivi*" s'est livré à la lecture assidue des revues suivantes: **Le** …**aro, Libération, Le Parisien et Le Hérisson.** RAS.

*
* *

8H30 ce même jour. Le "***suivi***" s'est rendu dans un bureau …nant et y a reçu plusieurs personnes non identifiées. *(probablement* …*collaborateurs. Photos jointes)* Nombreux dossiers sur les tables … bouteilles d'eau. *(Volvic)* RAS.

11H30: observation faite d'un arbre *(bouleau)* du jardin du … en question. "***Le suivi***" a reçu un homme de couleur *(noire)* et … longuement entretenu avec lui.

…ication faite par nos services, il s'agirait, comme confirmé par …esse du lendemain, du président du Mozambique *(Afrique)*. RAS.

13H: "***le suivi***" a déjeuné avec une dizaine de personnes. RAS

Fait chier avec ça !

…ue du Général de Gaulle, 92350 Puteaux

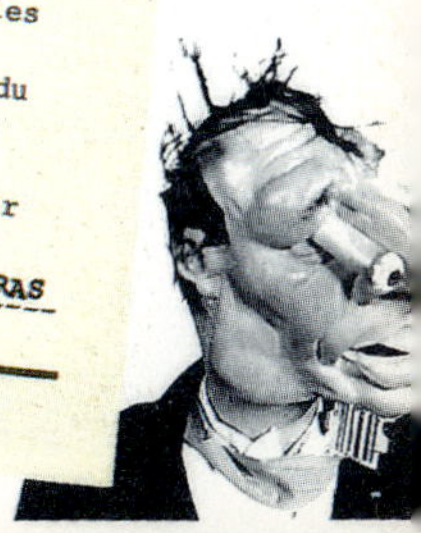

LAMOTTE & Fils
Agence VISEX

1/2

V.RÉF. xxx

N.RÉF. 33-09-779-031 bis

PUTEAUX, le 23 septembre 1993

14H: fin du déjeuner du "***suivi***", début du notre (sandwiches et eau gazéifiée). Pendant le reste de l'après midi compris entre les heures dites de bureau, le "***suivi***" est resté à son bureau dans lequel plusieurs personnes sont venues. *(photos jointes)* <u>RAS</u>.

18H: "***le suivi***" a été observé plusieurs fois donnant des signes de lassitudes *(bâillements)*. Il a été noté également un assoupissement du susdit dans une période comprise **entre 18H15 et 18H23**. Son travail ne semble pas le passionner à partir de là. Il est nerveux voire irritable *(secrétaire probablement houspillée.)*

19H: "***le suivi***" quitte son bureau dans une voiture de couleur noire et de marque française. Il ne conduit pas. *(Permis retiré ?)*

Promenade dans Paris en voiture *(filature classique en scooter 80 cm3-factures jointes)* <u>RAS</u>.

Vers **20H** "***le suivi***" revient vers l'hôtel Matignon et se promène longuement dans le parc en jetant un bâton à un chien *(bâtard)*. Sommes repérés dans un arbre. *(hêtre)*.

LAMOTTE & Fils
Agence VISEX

ÉPHONER

V.RÉF. XXX
N.RÉF. 33-09-779-032

PUTEAUX, le 30 sePtembre 1993

CONCLUSIONS :

ÉCRIRE

L'agence Visex et ses collaborateurs à savoir les détectives
motte fils, Albert Loubet, François Meunier, Jean-Philippe Lousteau,
e Lemoult et François Retaeker ont, dans la période couvrant le mois
septembre 1993, procédé à la surveillance discrète du **sieur Balladur**
ouard à la demande du **sieur Chirac Jacques** et ce dans le plus grand
cret et le respect de la loi sur la protection de la vie des
sonnes privées *(photos jointes)*.

*
* *

ILS SONT VENDUS !

Il en a été conclu ce qui suit:

sieur Balladur Edouard sus nommé *"le suivi"* vaque quotidiennement à
occupations professionnelles *(Premier Ministre)* et uniquement
es-ci.

VOIR

motte fils

me souhaité par le mandant, toutes les personnes rencontrées de
ou de loin par le sieur Balladur *(le suivi)* ont été prises en
ographies noir et blanc par nos soins *(factures jointes)*. RAS.
n'a été a aucun moment que ce soit noté, et ce dans aucun endroit
ce soit avec quelque personne que ce soit une activité parallèle,
te ou répréhensible.

inquiétudes du suiveur quand à d'éventuelles activités sataniques
eur Balladur Édouard sont sans fondements.

FAIRE

ailleurs et jusqu'à plus ample informé le Sieur Balladur Édouard
membre d'aucune secte occulte *"égorgeuses de poulets"* comme
é par le sieur Chirac Jacques.

vice caché connu du sieur Balladur: il fume le cigare en
tte. (Monté-Christo n°3)

du Général de Gaulle, 92350 Puteaux

JE LE TIENS...!!!

1993
OCTOBRE

Monsieur balladur
si vous ne voulez
pas que tout le
monde sache que
vous
fumez le cigare *
en cachette
arrete d'essayer
de me piquer mon
boulot de dans 2 ans
(monte christo N°3)

ÉC
VOIR
FAIRE

1993

OCTOBRE

TÉLÉPHONER

Aller poster ma lettre anonyme à Édouard. ~~À qui je dois. Je me~~
Mettre barbiche (Pas la même que celle des chiens) —

...TE & Fils
...VISEX
...atures
...ssionnelles
...uis 1942

LAMOT...
Agence...
Enquêtes et fil...
privées - profes...
Discrétion d...

10, rue du Gé... ...néral de Gaulle, ... 92350 Puteaux

ÉCRIRE

VENDREDI
8

Édouard a téléphoné au sujet de ma lettre anonyme !!!
Il ne pouvait pas savoir -
Ça peut être que les gens ...

16H.
16H.30
17H.
18H.
18H.30
19H.
19H.30
20H.
20H.30

VOIR

Faire suivre Lamotte

FAIRE

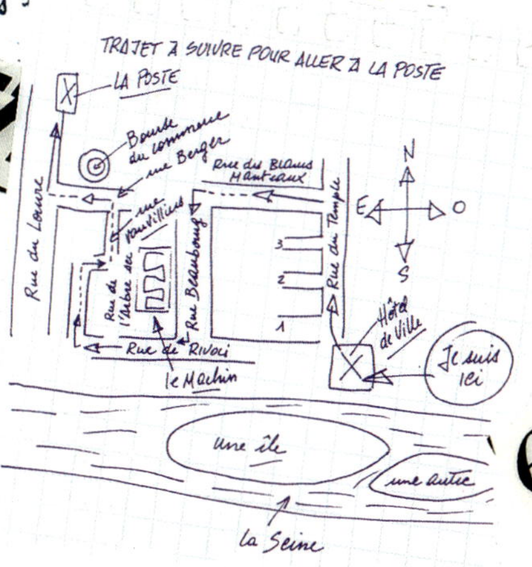

1993
OCTOBRE

TÉLÉP

AGENCE DISCREDIX
LOUIS MORIN
Ancien militaire
Filatures - Renseignements - Sérieux et Discrétion
(crédits possibles)
Athéniens, 78230 Mantes-la-Jolie

LUNDI
11

les appeler pour faire suivre VISEX

É

10H.30
11H.
11H.30
12H.
12H.30
13H.
13H.30
14H.

VOIR

FRANCE-ISRAËL 2.3, 22h35'

8H.
8H.30
9H.
9H.30
10H.
10H.30
11H.
11H.30
12H.
12H.30
13H.
13H.30
14H.

FAIRE

FRANCE-ISRAËL
Envoyer télégramme
Aller féliciter les joueurs dans les vestiaires.

CENTRE D

ZCZ
0A0
PAR

BRAV
VOUS

NNNN

Référen
Pou

22

e Telecom

TELEGRAMME

RIE DE L'ECRIT DE BAR LE DUC

PAGE 1

HAZ0403
1938
1938

TTE VICTOIRE CONTRE ISRAEL ! JE SERAI AVEC
UE !
HIRAC

FIN

34
cla

10/93 à 20h30
tactez le :

PSG
PARIS SAINT-GERMAIN

Putain ! Ai envoyé le télégramme trop tôt ! Me contrôler. Il faut que je me donne une image plus sereine. Ai rencontré un gars dans les vestiaires

MEDI
16

Le gars inspire confiance : prospère (colliers en or partout), international (deux Rolex, une avec l'heure de New York)
l'appeler demain

Le gars va me faire des essais vidéo avec des techniques super sophistiquées pour me trouver mon nouveau look.
J'AI HÂTE !!!

Global System Image
Sémantique et Grammaire de l'Apparence Télévisée

Se Connaître • Pour Mieux • Se Faire • Connaître

John Whysburn
directeur

1993

CTOBRE

LUNDI

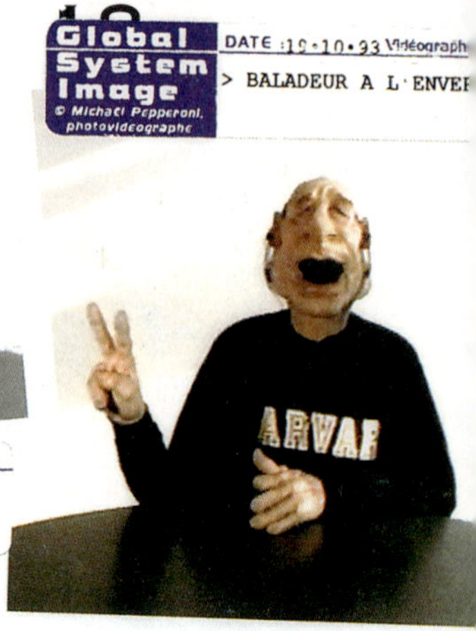

9H.30

10H.

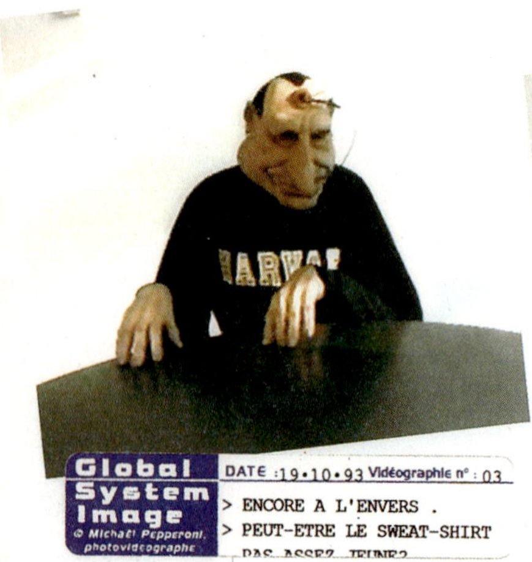

14H.

DATE : 21 • 10 • 93 Vidéographie n° : 07
> MIEUX .
> REMPLACER SWEAT
PAR CHEMISE .
Global
System
Image
© Michaël Pepperoni.
photovidéographe
DATE : 21 • 10 • 93 Vidéographie n° : 05
> REVENIR A OPTION
PRÉCÉDENTE .
Global
System
Image
© Michaël Pepperoni.
photovidéographe
DATE : 21 • 10 • 93
> IL MANQUE
QUELQUE CHOSE .
Global
System
Image
© Michaël Pepperoni.
photovidéographe
DATE : 22 • 10 • 93 Vidéographie n° : 08
> TRES BIEN . > NOUVEAU LOOK
EN PARFAITE ADÉQUATION AVEC
LA PERSONNALITÉ DU CLIENT .

1993

OCTOBRE

TÉLÉPHONER

ÉCRIR

VOIR

FAIRE

Global System Image

Agence de Communication
Sémantique et Grammaire de l'Apparence Télévisée
Directeur: John Whysburn (Botswana)
Diplomé d'Harwards

Se Connaître • Pour Mieux • Se Faire • Connaître

Facture n° 0000003
Objet: refonte totale du look de Monsieur Chirac Jacques

• 1 sweat shirt Harvard:	220,00 f.
• Réparation baladeur de Mr Whysburn :	760,00 f.
• 1 sweat shirt Gun's Roses :	245,00 f.
• Location d'un costume d'Alsacienne :	1 230,00 f.
• 1 sweat uni :	150,00 f.
• Michaël Pepperoni (photovidéographe) ... 3 jours :	60 000,00 f.
• Conseil communication Mr Whysburn ... 2 heures :	80 000,00 f.
• Accessoires :	12 000,00 f.
• Frais divers :	140 000,00 f.
• Imprévus :	60 000,00 f.
Sous total :	345 605,00 f.
Marge agence 20% :	70 921,00 f.
TOTAL hors taxe GSI :	416 526,00 f.
TVA 18,6% :	77 473,84 f.
Total :	493 999,84 f.

TOTAL H.T.	T.V.A.	TOTAL T.V.A.	NET A PAYER
493 999,84 f.	18,6%	91 883,97 f.	**585 883,81 f.**

A régler sous trente jours. *Le comptable:* Ange Falconetti

1993

OCTOBRE

JEUDI 28

Ai testé mon nouveau look
[h]ôtel de Ville. Je suis tellement
[p]arfaite adéquation avec mon
...acture que personne n'a vu de
...nce. Réussite totale. Faire envoyer
corbeilles de fruits à John Whysbrown
...el Pepperoni ~~et Ange Falconetti~~.
...nser à eux pour mon futur gouvernement.
— Tester mon nouveau look de présidentiable
ailleurs qu'à l'Hôtel de Ville. Tiens !
Je vais faire du golf aussi.

15H. – 21H. : Promenade dans PARIS avec mon nouveau look

15H. 15H.30 16H. 16H.30 17H. 17H.30 18H. 18H.30 19H. 19H.30 20H. 20H.30 21H.

VENDREDI 29

Me promener dans les magasins avec mon nouveau look.

15H. – 19H. : Réunion RPR (avec mon nouveau look)

20H. : Cinéma (nouveau look)

15H. 15H.30 16H. 16H.30 17H. 17H.30 18H. 18H.30 19H. 19H.30 20H. 20H.30 21H.

[S]AMEDI 30

Ai testé mon nouveau look à la campagne.
Ai dormi avec.

DIMANCHE 31

Repasser mon nouveau look (30°)

TÉLÉPHONER

Tel à Charles pour lui montrer mon nouveau look

ÉCRIRE

Me changer les idées. Faire un tru[c] calme. Essayer [le] golf, comme Mitterrand.

VOIR

Me sens bien dans ma peau..
Jouer au Golf.

FAIRE

1993
NOVEMBRE

TÉLÉPHONER

ÉCRIRE

VOIR

FAIRE

LUNDI 1

8H. 8H.30 9H. 9H.30 10H. 10H.30 11H. 11H.30 12H. 12H.30 13H. 13H.30 14H.

Golf de Morfontaine → M'ont pas laissé rentrer. Faut être membre !!!

Golf de St Cloud. Fermé. Reservé. Vigiles très nerveux. M'ont froissé mon nouveau look.

Golf de Laboulie. Faut être membre. M'ont accepté, mais y'a 10 ans d'attente. Pas le temps —

Golf de St-Nom-la-Bretèche. Paraît qu'il faut être parrainé (d'après le gardien). Trouver un golf public.

Golfy Complet. M'ont indiqué un golf sans attente, sans parrain et où il n'y a pas trop de monde.

MARDI 2

8H. 8H.30 … 12H. 12H.30 13H. 13H.30 14H.

Golf miniature de Torcy

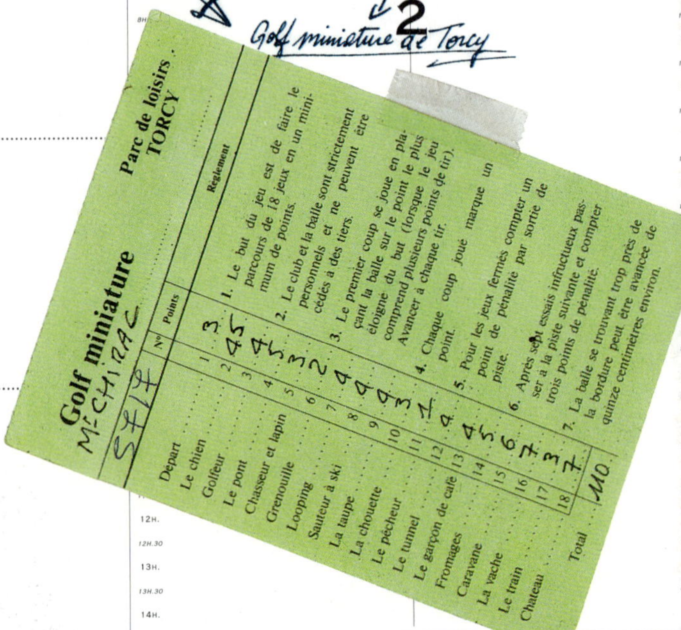

Golf miniature

M. CHIRAC

Parc de loisirs TORCY

	Nº	Points
Départ	1	3
Le chien	2	45
Golfeur	3	4
Le pont	4	5
Chasseur et lapin	5	3
Grenouille	6	2
Looping	7	4
Sauteur à ski	8	4
La taupe	9	4
La chouette	10	3
Le pêcheur	11	1
Le tunnel	12	4
Le garçon de café	13	4
Fromages	14	5
Caravane	15	6
La vache	16	7
Le train	17	3
Chateau	18	7
Total		110

Règlement

1. Le but du jeu est de faire le parcours de 18 jeux en un minimum de points.
2. Le club et la balle sont strictement personnels et ne peuvent être cédés à des tiers.
3. Le premier coup se joue en plaçant la balle sur le point le plus éloigné du but (lorsque le jeu comprend plusieurs points de tir). Avancer à chaque tir.
4. Chaque coup joué marque un point.
5. Pour les jeux fermés compter un point de pénalité par sortie de piste.
6. Après sept essais infructueux passer à la piste suivante et compter trois points de pénalité.
7. La balle se trouvant trop près de la bordure peut être avancée de quinze centimètres environ.

TÉLÉPHONER

ÉCRIRE

VOIR

FAIRE

REPUBLIQUE FRANÇAISE
MINISTERE DE L'INTERIEUR
POLICE NATIONALE

SERVICE

DE INSEE SERVICE	Dept	Commune	N° du service

V. N°
aire : contre X 2364 – 8 / 927
CES JOINTES : TICKET GOLF
NSMIS : à MONSIEUR LE PROCUREUR DE LA REPUBLIQUE
PARIS
le 3 novembre 1993
RAGOTON Joseph
é :

PREFECTURE DE POLICE
COMMISSARIAT DE POLICE
DE TORCY
33 RUE DE PARIS
TORCY-77

1

15H.

PROCES VERBAL D'AUDITION

PREFECTURE DE POLICE
Commissariat de Torcy 77200 TORCY

2

L'an mil neuf cent quatre-vingt treize
le 3 novembre

3

PLAINTE (L'ÉTAT-CIVIL DU PLAIGNANT DOIT ÊTRE RELEVÉ SUR UNE PIECE D'IDENTITÉ OFFICIELLE) de : Mr CHANAUD Georges

A L'ENCONTRE DE:

Nom : CHIRAC

Prénom : JACQUES

Domicile : 2 PLACE DE L'HOTEL DE VILLE PARIS 2°

Objet :

PLAINTE DE Mr CHANAUD GEORGES A L'ENCONTRE DE Mr CHIRAC JA CQUES POUR DESTRUCTION TOTALE DES COMPOSANTES DU TROU DE GOLF DE SON ETABLISSEMENT, DIT DU CHIEN, COMPRENANT LA PARTIE CIMENTEE DU TROU, AINSI QUE LES MASSIFS DE FLEURS Y ATTENANT ET DES MOTIFS CANINS EN PLATRE LONGEANT CELUI-CI.

éclare ce qui suit:

Je suis arrivé au Golf Miniature de Torcy
e lundi I novembre 1993 et je me suis vers I4 heures 20
rée auprès de Mr Chanaud qui m'a remis acquitté du prix d'en-
e balle de couleur (jaune pâle) qui une canne de golf et
rvi.
La partie s'est déroulée normalement avait probablement déjà
dit "du chien".
L'obstacle de ce trou représente un jusqu'au trou numéro 2
ait de faire passer la balle par la chien couché. Le but
faire ressortir par le bout de la bouche du chien, et de
que je me suis emplyé à faire calmement. queue du même chien.
u 34éme éssai, la balle est restée coincée à l'intérieur
chien. J'ai d'abord esssayé de la récuperer en m'allon-

TÉLÉPHONER

8H.

REPUBLIQUE FRANÇAISE
MINISTERE DE L'INTERIEUR
POLICE NATIONALE

SERVICE

PROCES VERBAL D'AUDITION

geant sur le sol et en tenant ma canne de golf à l'envers, et je me suis légèrement blésse à la joue sur le museau du chien... C'est à ce moment que je me suis un peu énervé, et que j'ai pu avoir un geste déplacé à l'égard de l'obstacle.

Mais c'est dans le but de récupérer ma caution pour la balle (30 francs) que j'ai un peu abimé l'obstacle dit "du chien" avec les pieds (coups de talons). Et aussi pour que les gens qui faisaient la queue derriére moi n'attendent pas trop.

D'autre part, la balle de couleur jaune pâle pouvant se confondre avec les fleurs jaunes du massif, il se peut que dans la confusion, j'ai dégradé une ou deux fleurs des massifs attenants, mais je ne l'ai pas fait exprés.

Je n'ai jamais labouré 80 métres carrés de massifs de fleurs avec une canne de golf, comme l'affirment les 53 témoins de Mr Chanaud.

J'ai ensuite fini le trou tranquillement, ainsi que le reste du parcours sous le regard de plusieurs autres joueurs qui m'ont suivit en silence.

C'est à l'arrivée que les gendarmes m'ont informé des poursuites à mon encontre et je m'en suis montré surpris.

J'affirme que je n'ai jamais hurlé en tapant sur un chien en plâtre:" LES CLEBS PUENT DU ROND" comme l'affirme les 53 témoins de Mr Chanaud.

VOI

FAIRE

A Torcy, le 3 novembre 1993

PREFECTURE DE POLICE
Commissariat de Tarcy 77200 TORCY

Sport trop violent...
Arrêtez le golf

1993
NOVEMBRE

JEUDI 11

Porter mon nouveau look au Pressing

PTT Faire installer une 2ème ligne dans mon bureau au cas où on m'appelle pendant que j'appelle !

TOUJOURS PAS D'APPELS !!

Acheter un répondeur pour le cas où je suis dans une autre pièce et que j'appelle sur mes 2 autres lignes

15H. 15H.30 16H. 16H.30 17H. 17H.30 18H. 18H.30 19H. 19H.30 20H. 20H.30 21H.

VENDREDI 12

aire installer un ax au cas où je serais ur les 2 lignes à la fois ue le répondeur est aturé – Faire installer une ligne dans la voiture

C'est peut-être là qu'ils appellent tous – Et un répondeur et un Fax – et un téléphone sans fil pour si je me promène dans les couloirs

ACHETER UN BI-BOP

15H. 15H.30 16H. 16H.30 17H. 17H.30 18H. 18H.30 19H. 19H.30 20H. 20H.30 21H.

TOUJOURS PAS UN COUP DE FIL !

i appelé tout le monde pparemment, on n'arrive pas à me joindre !

e mettre dans les AGES JAUNES

DIMANCHE 14

Président dans deux ans

CHIRAC JACQUES

PRÉSIDENT DE DANS DEUX ANS

Numéro Vert — NOMBREUSES RÉFÉRENCES

05 112 112

Prévention, traitement des pollutions

TÉLÉPHONER

Putain ! Pas un coup de téléphone depuis 3 mois !!! Faire vérifier ma ligne. On doit pouvoir me joindre À TOUT MOMENT

IMPÉRATIF

ÉCRIRE

IL EST IMPORTANT QU'ON PUISSE ME JOINDRE À TOUT MOMENT !

VOIR

FAIRE

1993

NOVEMBRE

TÉLÉP

monsieur KABONDE

Votre médium
de retour à Paris
20 ans d' écou
et de tr

AMEDE LOME

MARABOUT

☆Lit l'Avenir☆

dans les Entraille

des Chiens

Santé amour Réussite Trava

Chattillon

♥ Sur RDV au Balto Place

Professeur Leopold TOURE

Si vous venez le voir pour résoudre vos problèmes par ses travaux. IL Y A UNE PREUVE FATAL

Si vous voulez vous faire aimer ou si votre partenaire est parti avec quel venez le voir, c'est son domaine, vous serez aimé et votre partenai il courra derrière vous comme un chien derrière son maître. Il créera entre vous une entente parfaite sur la base. Il peut également vous aider dans vos exam. Pour tous vos problèmes qui paraissen solution.

Par correspondan

Reçoit to

9H.

9H.30

VOIR

FAIRE

Ai rencontré Monsieur N'DIOUF dans les vestiaires du PARC. Prédit l'avenir, le gars est compétent. Une bonne idée pour savoir pour mon boulot de dans 2 ans. En contacter plus.

M'a dit "Affreux Affreux"

12H

13H

13H.30

14H.

TRANCE-BULGARIE

Aller au MATCH pour leur porter chance.

1993
NOVEMBRE

JEUDI
18

TÉLÉPHONER

15H.30
16H.
16H.30

LOMÉ → — Acheter dentaillés canines (60 m)
— location TRAFFIC
— Boyaux de gnou (?)
— Mèche de cheveux d'Edouard

LES PROBLEMES SERONT RESOLUS!
Professeur
SÉRAPHIN DIOP
- SORCIER DEPUIS 1000 ANS -
AMOUR ✿ SANTÉ ♥
MARABOUTAGE D'ENNEMIS A DISTANCE
RAPIDE ✦ PAS CHER ✦
(tarifs selon moyen)
47 05 00 00

ÉCRIRE

DIOP

VENDREDI

- oeuf de vache,
- 50 cous de poulets
→ (voir boucherie SAVECO)
- Anus de porc entier
→ (voir boucherie SAVECO)

Tous vos problèmes ont une solution avec
Monsieur
HONNORÉ N'DIOUF
- MARABOUT QUIMBOISEUR -
Amour - Santé - Réussite - Travail
PREDICTION SUR DEUX ANS
SANS RDV DISCRETION
4 02 02 02 02

SAMEDI
20

(30) → N'DIOUF → - 1 litre de foie d'dinde
- 100 gr. de poudre de sabot de boeuf.

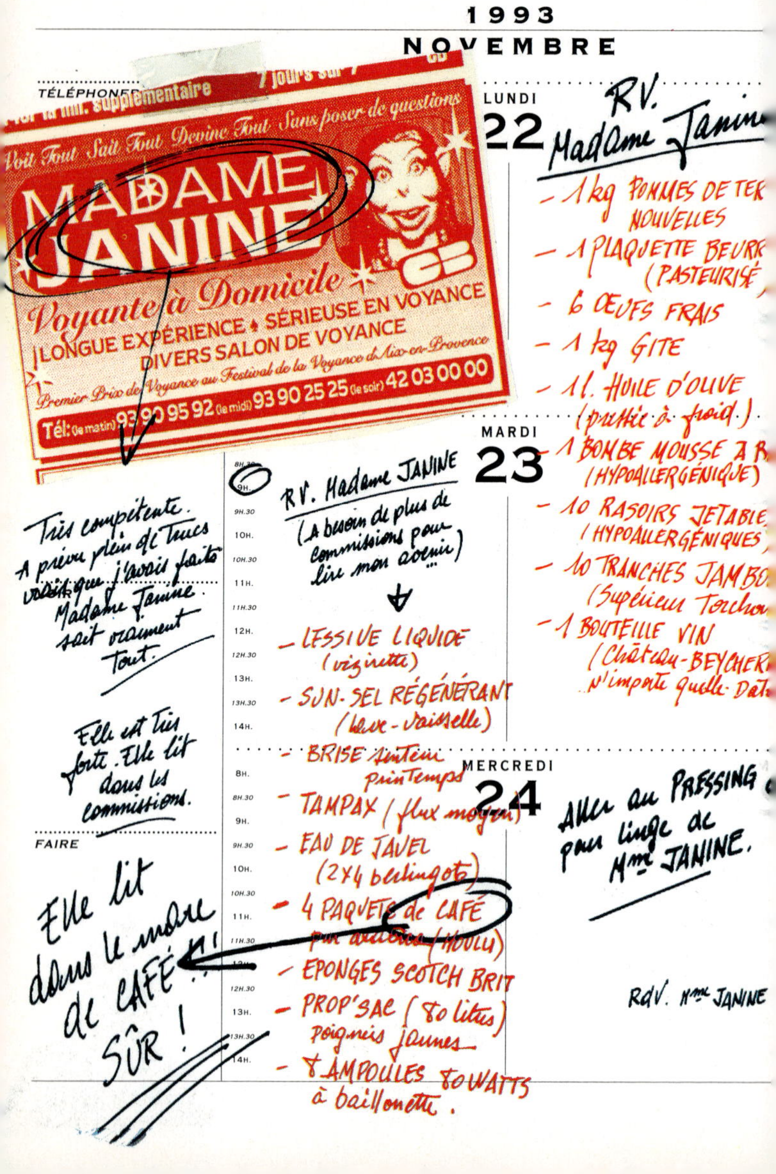
1993
NOVEMBRE
TÉLÉPHONER
LUNDI
22
MARDI
23
MERCREDI
24
FAIRE
7 jours sur 7
Voit Tout Sait Tout Devine Tout Sans poser de questions
MADAME JANINE
Voyante à Domicile
LONGUE EXPÉRIENCE • SÉRIEUSE EN VOYANCE
DIVERS SALON DE VOYANCE
Premier Prix de Voyance au Festival de la Voyance d'Aix-en-Provence
Tél: (le matin) 93 90 95 92 (le midi) 93 90 25 25 (le soir) 42 03 00 00
R.V. Madame Janine
- 1 kg POMMES DE TERRE NOUVELLES
- 1 PLAQUETTE BEURRE (PASTEURISÉ)
- 6 ŒUFS FRAIS
- 1 kg GITE
- 1 l. HUILE D'OLIVE (pressée à froid)
- 1 BOMBE MOUSSE À RASER (HYPOALLERGÉNIQUE)
- 10 RASOIRS JETABLES (HYPOALLERGÉNIQUES)
- 10 TRANCHES JAMBON (Supérieur Torchon)
- 1 BOUTEILLE VIN (Château-BEYCHEVELLE n'importe quelle Date)
R.V. Madame JANINE
(A besoin de plus de commissions pour lire mon avenir)...
- LESSIVE LIQUIDE (vizirette)
- SUN-SEL RÉGÉNÉRANT (lave-vaisselle)
- BRISE senteur printemps
- TAMPAX (flux moyen)
- EAU DE JAVEL (2×4 berlingots)
- 4 PAQUETS de CAFÉ pur arabica (MOULU)
- ÉPONGES SCOTCH BRIT
- PROP'SAC (80 litres) poignées jaunes
- 8 AMPOULES 80 WATTS à baïonnette.
Très compétente. A prévu plein de trucs que j'avais faits. Madame Janine sait vraiment tout.
Elle est très forte. Elle lit dans les commissions.
Elle lit dans le marc de CAFÉ !! SÛR !
Aller au PRESSING pour linge de Mme JANINE.
RdV. Mme JANINE

1993

NOVEMBRE

JEUDI 25

→ Sécu. Sociale (Mme Janine)

3 Courses Mme Janine

CONSERVEZ VOTRE TICKET 2187

15H. 15H.30 16H. 16H.30 17H. 17H.30 18H. 18H.30 19H. 19H.30 20H. 20H.30 21H.

RV. Madame Janine

TÉLÉPHONER

CAMIF pour problème Malus Mme Janine (n° contrat 563203406 A

ÉCRIRE

VENDREDI 26

→ Courses Mme Janine

→ Madame Janine

→ aller au marché Mme Janine

15H. 15H.30 16H. 16H.30 17H. 17H.30 18H. 18H.30 19H. 19H.30 20H. 20H.30

Tel Mme Janine

Courses Mme JANINE

Rappeler CAMIF Mme JANINE (mauvais numéro … 3406 A)

VOIR

SAMEDI 27

Rappeler madame Janine

LE MAIRE DE PARIS

Ça y est !!!…

Elle m'a promis pour lundi la photo du prochain président !!! Elle va le voir dans le marc de CAFÉ !

J'espère que je serais bien sur la photo…

VIVEMENT LUNDI !

FAIRE

1993
NOVEMBRE
DECE
TÉL.
Fum
VOIR
Ha, il est fo
le bestiau
LE SALAUD!

DECEMBRE

ÉPHONER
Putain 7 ans!
ÉCRIRE
IR
M
RE
Il m'a piqué mon boulot de dans 2 ANS...

1993

DECEMBRE

LUNDI **6**

TÉLÉPHONER

Tout est trop dur. Trop de trahison. Trop de coups bas. Même chez les amis de trente ans. La politique me dégoûte. J'arrête. Je repars dans le civil.

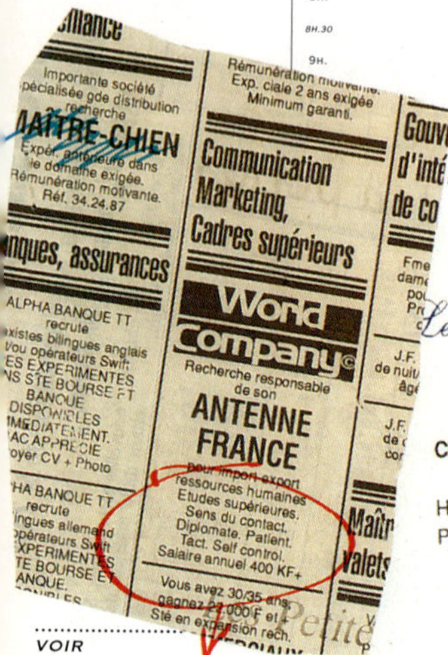
...lliance
Importante société spécialisée gde distribution recherche
MAÎTRE-CHIEN
Expér. antérieure dans le domaine exigée. Rémunération motivante. Réf. 34.24.87
...nques, assurances
ALPHA BANQUE TT recrute ...xistes bilingues anglais ...ou opérateurs Swift ...ES EXPERIMENTES ...NS STE BOURSE ET BANQUE DISPONIBLES IMMEDIATEMENT. ...AC APPRECIE ...oyer CV + Photo
...HA BANQUE TT recrute ...ingues allemand ...pérateurs Swift ...EXPERIMENTES ...TE BOURSE ET ...ANQUE
Rémunération motivante. Exp. ciale 2 ans exigée Minimum garanti.
Communication Marketing, Cadres supérieurs
World Company©
Recherche responsable de son
ANTENNE FRANCE
pour import-export ressources humaines Etudes supérieures. Sens du contact. Diplomate. Patient. Tact. Self control. Salaire annuel 400 KF+
Vous avez 30/35 ans gagnez 25.000 F et + Sté en expansion rech.
Gouv... d'inté... de co...
Maîtr... valets...

VOIR

Pile poil, exactement moi

FAIRE

8H. 8H.30 9H. 9H.30 10H. 10H.30 11H. 11H.30 12H. 12H.30 13H. 13H.30 14H.

Le Maire de Paris

CHIRAC Jacques

Hotel de Ville
Paris

CURRICULUM VITAE

Expérience professionnelle :
Maire de Paris

Stages :

Premier Ministre — *1986-88*
chez monsieur Mitterrand

Premier Ministre — *1974-76*
chez monsieur Giscard d'Estaing

Diplomes :
2 fois deuxième aux présidentielles en 1981 et 1988 (unique)

Loisirs et Hobbies :
Musique basque - Coiffeur - Musique militaire - Poésie Visite de Zoo - Etude de buses - VTT - Survêtement - Mini-golf - Voyance - Astrologie - Numérologie - Député de Corrèze - Morphopsychologie - Les vieux - Le diésel.

1993

DECEMBRE

TÉLÉPHONER

Le Maire de Paris

Monsieur, *Paris, le*

J'ai lu votre offre d'emploi parue dans le FIGARO du 8 décembre 1993.

Je pense correspondre parfaitement au profil que vous recherchez.

J'ai une solide expérience des postes à haute responsabilité. Au cours de mes activités, j'ai été amené à voyager énormement et à nouer de sérieux et utiles contacts à l'étranger.

Je suis disponible immédiatement. Je peux commencer à travailler demain. J'attends votre appel. Toutefois, si vous ne pouviez pas m'appeler, je vous rappellerai dès cet après-midi pour fixer la date à laquelle je commence.

Non, finalement je vais venir maintenant. A tout de suite. Je suis en bas.

Jacques Chirac

ÉCRIRE

VOIR

FAIRE

MEI

1

Je dois me réacclimater au civil. Je dois me ressourcer, je dois faire le point. Je pars en vacances!

TÉLÉPHONER

8H.

8H.30

(O Avion OMAN

El Marmul
International Palace hotel
DE LUXE

OMAN. Je me sens bien. C'est comme si je respirais pour la première fois depuis des années!

MARMUL CITY
DIRECTEUR : MOULOUD FALCONETTI

Je n'ai jamais libre de ma vie.
La politique ne me manque pas du tout. Je suis submergé par une vague de bonheur.
Pas de politique, pas de réunion de partis, pas de sondages, pas de nouvelles du RPR, rien. Tranquille! Je me demande ce qu'ils pensent de moi en ce moment?!!!

El Marmul
International Palace hotel
DE LUXE

S'il y a un homme heureux, c'est moi. Le calme est le carburant de l'homme.

FAIR

MARMUL CITY
DIRECTEUR : MOULOUD FALCONETTI

MERCREDI
15

Comment ai-je pu vivre autrement qu'aujourd'hui? J'ai eu des nouvelles de Paris. Qu'ils y restent dans leur grisaille! Ils ne me manquent pas du tout.

Je les ai appelés pour leur dire. Ils n'ont pas répondu à mon message! Je suis heureux! J'AI ENVIE DE LE DIRE A TOUT LE MONDE.

El Marmul
International Palace hotel
DE LUXE

le bonheur total !
Je rentre à Paris pour
le dire à tout le monde !
C'est pas possible quant
on est heureux comme ça.
tout le monde doit
le savoir !!!

MARMUL CITY

DIRECTEUR : MOULOUD FAL

ER

ÉCRIRE

VOIR

1H
H.30
2H.
H.30
3H.
H.30
4H.

SAME | 18

D MANCHE | 19

PARIS. Putain ce qu'on est bien
chez soi ! Je vais les bouffer Tous.
Dès lundi c'est la reconquête.
J'ai le "GNAK" comme dit Denisot !
Je vais mettre le paquet !!!
Je me relance dans la politique,
et ça va y aller !!!

FAIRE

1993

DECEMBRE

TÉLÉPHONER

LUNDI **20**

8H.

8H.30

Arbre de Noël ...

Arbre de Noël des anciens de l'arrondissement

Arbre de Noël du 17ème

Le Maire de Paris — *Paris, le*

PROJET DE DISCOURS POUR NOËL

Compagnons, je ne ferai pas de longs discours car ce que j'ai à vous dire tient en deux mots. JOYEUX NOËL ! Il est né le divin enfant, sonnez hautbois, résonnez musettes ! C'est un jour de joie pour moi et de colis pour vous. Et c'est les doigts engourdis, mais le cœur tendu que je viens à vous. Ensemble, compagnons de ~~Toujours~~ toujours, amis fidèles, nous repartirons tête haute, cœur vaillant pour une année de lutte ! Et nous gagnerons compagnons, car l'histoire est dans notre camp !

Que chacun de ces chocolats, qui praline, qui à la liqueur qui composent ces boîtes, soient pour vous l'occasion de vous souvenir de la main qui vous les a tendus ! Bon appétit !

JOYEUX NOËL !

15H.30 Arbre de Noël des commerçants du 17ème

16H.

16H.30

17H.

17H.30

18H.

18H.30 Arbre de Noël du 18ème

19H.

19H.30

FAIRE

... des anciens de la police municipale

13H.

13H.30 Arbre de Noël 16ème

14H.

20H.

20H.30 Arbre de Noël des anciens de la Mairie

21H.

1993

C'est bon, c'est reparti !
Ils m'aiment toujours !
Je suis relancé !!!

TÉLÉPHONER
Mr MICHEL PONIATOWSKI
pour l'Année !
ice Couve
AH, PLUS QUE UN AN !
1994
JACQUES FAIZANT
Roger CHINAUD
du succès !
Mr Michel Debré
Ancien Ministre
MR ANTOINE PINAY
Mr Jean Royer
vous présente
Olivier Guichard
PSG
PARIS SAINT-GERMAIN
MICHEL DENI
MICHAEL PEPPERONI
vidéographe
Mr CHRISTIAN BONNET
Mr Alain Peyrefitt
Ancien Ministre
Une bonne Année 1994
Pierre Messmer
Ancien Premier Ministre
A toi, Jacques !
Pierre
FRAN

ille

1993 • 1994

ECEMBRE • JANVIER

JEUDI

30

Mes bonnes résolutions pour 1994

1/ Rester calme

2/ Dégager Edouard

3/ ~~Changer mon image~~

4/ Changer le nouveau gars qui s'occupe de ma communic…

5/ Arrêter de visiter n'importe q… (Zoo, Fabrique d'andouilles…

6/ Dégager Edouard

7/ Avoir une image sympa décontractée (vivre en survet.)

8/ Me baigner dans la Seine

9/ Changer cette putain d'image et en prendre une pour trouver du boulot –

VENDREDI

31

BILAN DE L'ANNÉE 93

Kilomètres parcourus — 1.625.452 Km

Poignées de mains serrées — 458.000

Promesses faites — 458.000

Heures passées au Téléphone 6 fois 365 — 2190

Inaugurations — 1750

Premières pierres — 723

Discours — 365

Villes visitées — 527

Plats typiques goûtés — 527

Alcools typiques goûtés — 527

(dont groin de truie) — 1

Cocktails 2 fois 527 — 1054

Passage Télé — 87

Passage radio — 129

Article presse française — 39.6…

Article presse étrangère — 2

Personne dégagée — 1 (…

Influence sur les sondages — 0

20H.

20H.30

21H.

SAMEDI

1

DIMANCHE

2

FAIRE

RAUD

7

CONFIDENTIEL

08 MARS 1993

PPD : Sans transition, je reçois monsieur Jacques Chirac...

Sous-titre **JACQUES CHIRAC, NOTRE PROCHAIN PRÉSIDENT DE LA RÉPUBLIQUE**

CHIRAC : Bonsoir monsieur d'Arvor...

PPD : Alors, monsieur Chirac, nous sommes à 13 jours des élections législatives. La victoire semble acquise pour la droite. Alors, qu'est-ce que vous allez faire ?

CHIRAC : Ecoutez, monsieur d'Arvor... Avant toute chose, nous allons gagner... Débarrasser la France des socialistes... Et de leur politique.

PPD : Oui, j'entends bien. Mais une fois ce succès consommé, qu'est-ce que vous ferez...

CHIRAC : Ecoutez, c'est avec sérénité que je vous le dis : nous allons changer de politique.

PPD : Vivivi... Et... Donc...?

CHIRAC : Monsieur d'Arvor... Il y a actuellement une politique. Cette politique ne nous convient pas. Eh bien nous allons la changer... En faire une autre...

PPD : Oui... Maiiiiis... laquelle ?

CHIRAC : Mais c'est un monde ça ! Une autre ! Ecoutez, ce n'est pas compliqué... Quand vous n'aimez pas quelque chose, vous faites autre chose. C'est une autre politique... Nous proposons une autre politique... Vous comprenez ça ?!

PPD : Oui oui, vous allez faire autre chose...

CHIRAC : Voilà!

PPD : Mais quoi ?

CHIRAC : Aaaaaaaah...

PPD : Ce que je voulais connaître, c'est votre programme précis, savoir ce que vous allez changer...

CHIRAC : Programme... Notre programme... C'est... le bâtiment ! Voilà ! Nous allons prendre des mesures pour relancer le bâtiment.

PPD : Mmm... C'est votre programme...

CHIRAC : Le programme... Le programme... Chaaaarles ?

Arrivée de Pasqua.

PASQUA : Voooouais... Qu'est-ce qu'il y a encore ?

CHIRAC : Le monsieur me demandait pour le programme...

PASQUA : T'as qu'a lui dire le bâtiment !

CHIRAC : Je lui déja dit... Tu penses... Mais pour le reste du programme...

PASQUA : Oh là ! Ça c'est pas moi, c'est Balla... Oh Balla !?

Arrivée de Balladur.

BALLADUR : Balladur, s'il vous plaît...

LES DEUX : Le monsieur nous demande pour le programme...

BALLADUR : Nous allons défiscaliser, nous allons alléger les charges sociales, nous allons privatiser. Tout ça pour relancer le bâtiment.

LES DEUX : Mais on l'a déja dit, le bâtiment !

Petit silence gêné de tous les trois.

PPD : Mm mm... Donc une autre politique...

LES TROIS : Oui oui... C'est ça !

PPD : Pour relancer le bâtiment...

CHIRAC : Voilà !

Ils se regardent en hochant la tête.

PPD : Mm mm... Merci messieurs...

CHIRAC : Ça allait ? On a été clairs ?

PPD : Oui oui... Vous inquiétez pas... Ils vous ont compris...

CHIRAC : Vous me rassurez... Parce qu'à un moment, j'ai eu peur d'être un peu confus au sujet de la nouvelle politique.

PPD : Du tout...

SOURCE SECRÈTE

CONFIDENTIEL

26 MARS 1993

'PD : Voilà, sans transition, je reçois otre futur Premier ministre, Edouard Balladur...

ous-titre **EDOUARD BALLADUR, J-2**

ALLADUR : Bonsoir monsieur d'Arvor...

'PD : Alors, monsieur Balladur, la co-abition s'annonce finalement difficile. A votre vis, monsieur Mitterrand doit-il rester ou partir ?

rrivée de Chirac qui se met entre les deux.

HIRAC : Je vais vous dire ce qu'il pense. Il ense que les Français se sont exprimés claire-ent, et par conséquent il pense que monsieur Aitterrand doit en tirer la conclusion qui s'im-ose... Pas, Edouard ?

ALLADUR : Ce n'est pas aussi simple que ela...

HIRAC : Voilà ! C'est ce qu'il dit... C'est ussi simple que ça !

'PD : Mais monsieur Balladur, est-ce ue vous pensez qu'il y aura des domaines éservés au président de la République ?

HIRAC : Non ! Il pense qu'il n'y a pas de omaines réservés. En tout cas c'est son avis... Pas, Edouard ?

ALLADUR : Bôoooh...

HIRAC : Voilà ! Il est d'accord !

'PD : Mais tout de même... Le prési-ent a son mot à dire pour la politique étrangère ar exemple...

HIRAC : Nooooooon ! Non ! Non, non et on ! Rien !

hirac se tourne vers Balladur.

HIRAC : Calme-toi Edouard... Enfin ! Un eu de dignité !

'PD : Mmm mm... Mais concernant par exemple les accords du GATT, et là je m'adresse directement à monsieur Balladur, qu'est-ce que vous comptez faire ?

CHIRAC : Il pense qu'on s'est assez foutu de la gueule des paysans ! Bordel ! Les accords du GATT ! Il va t'envoyer chier tout ça dans les fraisiers, l'Edouard ! 'Pas ?

BALLADUR : Mêêêêê...

CHIRAC : Voilà ! Il s'exprime avec ses mots à lui, mais il est sincère.

PPD : Mm mm... J'aimerais m'adresser un peu plus précisément à monsieur Balladur... Vous avez eu des contacts hier avec le président ?

CHIRAC : Nooooon ! Il a pas téléphoné...

Il se tourne vers Balladur très rapidement, puis revient très vite sur PPD.

T'as paaaas, non ! Il a pas télé-phoné...

PPD : Monsieur Balladur !? Une ques-tion à laquelle vous êtes le seul à pouvoir répondre...

CHIRAC : Il vous écoute. Vous savez, il n'a rien à cacher !

PPD : Vous portez des slips ou des caleçons ?

CHIRAC : Aaaaaa...

Discrètement, il lui tire un peu le pantalon et regarde dedans.

BALLADUR : Mais enfin !

CHIRAC : Il aaa... un truc bleu.

PPD : Merci, monsieur Balladur...

CHIRAC : Mais je vous en prie... Ça lui a fait plaisir de vous répondre...

SOURCE SECRÈTE

PPD : Voilà, sans transition, je reçois Edouard Balladur…
BALLADUR : Bonsoir monsi…
Chirac déboule.
CHIRAC : Bonsoir monsieur d'Arvor.
Sous-titre **JACQUES CHIRAC, VICE-PREMIER MINISTRE EDOUARD BALLADUR, MINISTRE**
PPD : Alors, monsieur Balladur, hier vous avez annoncé des mesures d'économie qui touchent les ministres eux-mêmes…
BALLADUR : C'est…
CHIRAC : Oui, mon gouvernement d'Edouard a voulu frapper un grand coup… Il a voulu montrer l'exemple… 'Pas Edouard ?
PPD : Oui… Oui… Monsieur Balladur…
CHIRAC : Quoi ?
PPD : Euh… Monsieur Balladur, vous ne pensez pas que c'est un peu démago ?
Chirac tire Balladur vers la sortie.
CHIRAC : Noon ! Il ne trouve pas ça démago… Voilà… Allez, on y va !
PPD : Oui, mais j'avais d'autres questions…
CHIRAC : Oui… Mais, il veut plus répondre… Allez, on y va, Edouard a du travail…
Chirac se barre. Balladur ne bouge pas d'un poil. PPD guette pour voir si Chirac ne revient pas.
PPD : Alors, monsieur Balladur, répondez-moi…
BALLADUR : Je pense que le gouvernement a besoin de crédibilité, il serait indécent de vivre de manière dispendieuse dans une France en crise…
CHIRAC *(off)* : Edouard, Edouard !!!
Chirac déboule, un peu affolé.
CHIRAC : Qu'est-ce que tu fais, Edouard ?
BALLADUR : Je réponds aux questions de monsieur d'Arvor…
CHIRAC : Mais pourquoi ? Je l'ai déjà fait t'embête pas avec ça…
PPD : Merci de votre réponse, monsieur Balladur…
BALLADUR : Je vous laisse, je vais travailler…
Balladur se tire avec un port de tête très hautain.
CHIRAC : Qu'est-ce qu'il vous a dit ?
PPD : Rien… Il m'a répondu, c'est tout…
CHIRAC : Je suis sûr qu'il vous a dit quelque chose… Il a parlé de moi ?
PPD : Pas du tout…
CHIRAC : Qu'est-ce qu'il a dit sur moi ?
PPD : Rien, je vous assure…
CHIRAC : Vous pouvez me le dire, je le répéterai pas…
PPD : Non non, rien de spécial…
CHIRAC : Bon. Dans ce cas, j'y vais…
Chirac commence à se barrer.
PPD : Il m'a l'air valable ce gars-là…
CHIRAC : Qui… (…) Vous parlez de moi ?
PPD : Non, deee…
CHIRAC : (…) Edouard ? Noooon.
PPD : Si, il est pas mal…
CHIRAC : Nooon.
PPD : Si. Il est paaas… Maiiiis… Pas mal…
CHIRAC : Noooon ? Edouard ???
PPD : Vivivi, il a petiiiiit…
CHIRAC : Le Edouard qui était là, là ? … Leeeee… Noooon. Non non non non non.
PPD : Haaa si. Moi, dans deux ans, je le vois bieennn…
CHIRAC : Edouard ? Non, y veut pas… Je lui ai dit que ça ne l'intéressait pas …
PPD : (…)
CHIRAC : Il vous a dit où il allait, non ? Où il est parti ?
PPD : Je ne sais pas, il est parti travailler.
CHIRAC : C'est pas possible, je suis là… Edouard ? Edouard !!!
Il sort dans un bruit de dessin animé.

CONFIDENTIEL

19 MAI 1993

PPD : Voilà... Sans transition, je reçois monsieur Edouard Balladur... Alors aujourd'hui est sorti un nouveau sondage qui vous est très favorable.

BALLADUR : Monsieur d'Arvor, on ne gouverne pas avec des sondages...

CHIRAC *(au loin)* : Attendez-moiiiiiii ! Attendez-moiiiiiii !

BALLADUR : Oh noooon...

CHIRAC : Han han han han...

PPD : Vous avez couru, monsieur Chirac ?

CHIRAC : Qui, moi ? Han han han han... Mais pas du tout... Han han han... Je passais... Han han han...

PPD : Monsieur Chirac, je posais une question à monsieur Balladur...

CHIRAC : Je vous écoute.

PPD : Je disais que les derniers sondages donnent monsieur Balladur loin devant tout le monde...

CHIRAC : Eh bah c'est bien ! Il est content... 'Pas Edouard ?

PPD : Donc, monsieur Balladur, vous devenez un candidat sérieux pour les présidentielles...

CHIRAC : Mais qu'est-ce qui raconte celui-là ! C'est un monde ça ! Mais être président c'est pas du tout son truc, à Edouard ! 'Pas Edouard ?

BALLADUR : Ce n'est certes pas ma préoccupation...

Chirac se tourne vers PPD.

CHIRAC : Voilà !

BALLADUR : ...pour l'instant.

Chirac reste figé vers PPD. Long moment de flottement. Il se tourne vers le public. Puis vers Balladur. Balladur ne le regarde pas. Puis vers PPD.

CHIRAC : Qu'est-ce qu'il a dit ? J'ai pas entendu...

PPD : Il a dit "pour l'instant", je crois...

CHIRAC : Pour l'instant... C'est ça que j'avais entendu...

Il se tourne vers Balladur.

CHIRAC : Dis-donc Edouard... Tu vas te monter le bourrichon pour un sondage, quand même ?

BALLADUR : Ecoutez Jacques... Je travaille... Les présidentielles, c'est dans deux ans...

CHIRAC : Deux ans... Je sais... Deux ans...

BALLADUR : La perspective d'en être un des acteurs ne m'intéresse pas...

CHIRAC : Ah ! Voilààààààà !

BALLADUR : Pour l'instant.

Chirac reste figé vers PPD. Long moment de flottement.

CHIRAC : Il l'a pas redit ?

PPD : Si si... Enfin, je crois...

Il se tourne vers Balladur, la main en avant.

CHIRAC : Euuuuuh... Edouard ?

BALLADUR : Ouiiii...

CHIRAC : Pourquoi tu dis le truc, là... Après... A la fin... Parce que toi, de toute façon, tu t'en fous... Puisque ça t'intéresse pas Edouard. On est bien d'accord ? Ça t'intéresse pas ?

BALLADUR : Quoiiii ?

CHIRAC : Et beeen... Le travail, là... La place que j'ai trouvée pour dans deux ans... Tu sais ?

BALLADUR : Président de la République ?

CHIRAC : Voilààààà ! On était bien d'accord que ça t'intéresse pas...

BALLADUR : Jacques... Cette place ne m'intéresse pas...

CHIRAC : Voilà ! Parfait !

PPD : Très bien...

BALLADUR : Pour l'instant.

CHIRAC : Putain ! C'est pas vrai !

SOURCE SECRÈTE

08 JUIN 1993

PPD : Alors monsieur Balladur, il y a une question que tout le monde se pose…

CHIRAC : Quoi ? Qu'est-ce qu'il y a ? Qu'est-ce que tout le monde se pose ? Tout le monde se pose rien du tout. C'est un monde ça… Fichez lui la paix à la fin bon sang !

PPD : Bonjour monsieur Chirac.

CHIRAC : Oui. Quoi ?

PPD : Humm… Je voulais demander à monsieur Balladur…

CHIRAC : Je vous écoute…

PPD : Alors monsieur Balladur…

CHIRAC : Oui, quoi, allez allez allez !

PPD : Vous avez perdu 14 points dans les sondages en deux mois, l'état de grâce est-il terminé ?

Gros blanc.

CHIRAC : Et ben Edouard, répond au monsieur !!!

BALLADUR : Il y a effectivement un tassement dans l'opinion. Mais cela n'est pas très grave, je ne suis pas là pour être populaire.

CHIRAC : Très bien ! Voilà !

BALLADUR : Ce n'est pas mon destin qui importe…

CHIRAC : Du tout !

BALLADUR : …mais celui de la France.

CHIRAC : Bien vu.

BALLADUR : Il nous faut travailler pour remettre la France sur pied. Les résultats se feront sentir très vite…

CHIRAC : Vooooilà !

BALLADUR : …d'ici trois ou quatre ans.

CHIRAC : Parfait... Combien il a dit ?

PPD : Heu… Trois-quatre ans, je crois…

CHIRAC : Hummm… Edouard… Tout était très bien, sauf la fin… Quand tu dis combien de temps ça va mettre avant que ça remette sur pied, machin, la France, là…

BALLADUR : Trois-quatre ans ?

CHIRAC : Voilà… Ça là… Alors Edouard, pour pas qu'on soit embêtés, ce que tu vas faire, c'est que tu vas faire tout le truc que t'as dit qu'était très bien, mais…

Il fait le geste "rétrécir".

CHIRAC : … plus court… Tu me fais pareil en deux ans.

BALLADUR : Jacques, il y a le contexte international…

CHIRAC : Oui oui oui…

BALLADUR : …Les flux économiques s'inversent, les transferts technologiques s'installent lentement…

CHIRAC : Mais oui, on est d'accord… Alors Edouard, écoute-moi bien… Tu vas me prendre le contexte, t'y mets le flux et le transfert et…

Il fait le geste "rétrécir".

CHIRAC : …tu me réduis tout ça en deux ans… Hein ?

BALLADUR : Mais nous sommes dans une crise mondiale…

CHIRAC : Et ben, c'est pas grave ça… A la prochaine réunion, tu leur dis, aux autres…

Il fait le geste "rétrécir".

CHIRAC : Deux ans.

BALLADUR : Mais Jacques… C'est une situation délicate…

CHIRAC : Edouard ?

BALLADUR : Hummm… ?

Il fait le geste "rétrécir".

CHIRAC : Deux ans ! Parce que tu vois, moi, j'ai un truc prévu pour dans deux ans et je voudrais pas que ça soit annulé… Déjà qu'on a reporté une fois… Allez, zou, au boulot. Allez allez…

Il le vire. Juste avant qu'il ne sorte, Chirac le rappelle.

CHIRAC : Edouard ?

BALLADUR : Ouuuui ?

SOURCE SECRÈTE

1993
DIALOGUES

Il fait le geste "rétrécir".

CHIRAC : Deux ans.

Il se retourne vers PPD.

CHIRAC : Vous avez vu ça ?

PPD : Quoi ?

CHIRAC : Il ne parle que de ses problèmes… Il ne pense qu'à lui…

PPD : Vous trouvez aussi, hein ?

CHIRAC : Je vais vous dire une bonne chose : c'est pour ça que les gens l'aiment moins…

PPD : Oui, ça doit être ça… Merci monsieur Chirac…

27 SEP. 1993

PPD : Sans transition, je reçois Edouard Balladur et Jacques Chirac... Alors, messieurs, on l'a vu ce week-end, c'est l'entente cordiale ?

Sous-titre **JACQUES ET EDOUARD LES AMANTS DE LA ROCHELLE**

CHIRAC : Tout va bien ! Impeccable ! Im-pe-cca-ble ! 'Pas Edouard ?!

BALLADUR : Oui… Tout va pour le mieux…

PPD : Donc les rumeurs de discorde sont définitivement envolées...

CHIRAC : Hé hé hé hé hé hé... La discorde ! Tu entends ça, Edouard ?

BALLADUR : J'ai entendu.

CHIRAC : Hum... Voyez-vous, monsieur d'Arvor... Edouard et moi servons la même cause...

PPD : Quelle cause ?

CHIRAC : La même !

PPD : Mais laquelle ?

CHIRAC : J'ai une cause... Edouard a une cause... Et c'est la même ! Voilà !

PPD : Oui, mais précisément ?

CHIRAC : Edouard... Dis-lui pour la cause, là, tu sais, la même cause qu'on a...

BALLADUR : Redresser le pays...

CHIRAC : Non ! Pas celle-là ! L'autre, qu'on a ! Pour 95 !

BALLADUR : Réussir le changement...

CHIRAC : Non ! L'autre ! La cause commune que je vais avoir ! En 95 !

BALLADUR : Notre amitié...

CHIRAC : Non. Enfin, oui, mais non ! Reprenons... En 95, je serai... Je serai...

BALLADUR : Maire de Paris...

CHIRAC : Oui, aussi... Mais, comme vrai boulot ? Je serai...

BALLADUR : Président...

CHIRAC : Voilàààà !

BALLADUR : ...du RPR...

CHIRAC : C'est un monde ça ! Il veut pas dire le mot que je serai. Hier c'était pareil, il a jamais voulu le dire.

BALLADUR : Comme le disait monsieur le maire de Paris...

CHIRAC *(pour lui-même)* : Putain...

BALLADUR : ...nos rapports ne s'inscrivent pas et ne s'inscriront jamais dans un contexte de concurrence...

PPD : Donc ?

BALLADUR : Donc je ne me présenterai jamais contre monsieur Chirac...

CHIRAC : Aaaaaaah ! Enfin !

BALLADUR : A la Mairie de Paris.

CHIRAC : Putain ! Mais tu vas me lâcher avec ta putain de Mairie de Paris !

PPD : Ah ! Un petite discorde, peut-être ?

CHIRAC : Mais noooon... On se taquine... Hé hé hé hé ! Pensez, on est amis depuis 30 ans !

BALLADUR : C'est vrai. Des amis de 30 ans. Depuis 3 mois...

PPD : Tout va bien donc...

CHIRAC : Putain ! Qu'est ce qu'il me taquine !

CONFIDENTIEL

22 OCT. 1993

PPD : Sans transition, je reçois Edouard Balladur et Jacques Chirac…

Sous-titre

JACQUES CHIRAC ET EDOUARD BALLADUR AMIS DE TRENTE ANS MINIMUM

LES DEUX : Bonsoir…

PPD : Alors, monsieur Balladur, comment évolue le dossier du GATT ?

BALLADUR : Nous nous acheminons vers un accord équilibré. Les choses évoluent favorablement pour ce qui est de l'exception culturelle…

CHIRAC : Très bien ! Bravo ! L'exception, les films, tout ça, la culture machin, là… Bravo !

BALLADUR : Et pour ce qui concerne le volet agricole, un peu de souplesse dans notre position serait…

CHIRAC : Non non non ! Rien du tout ! Pour les agriculteurs, pas d'accord ! Faut que tu sois ferme Edouard ! Les Américains, tu leur rentres dans le mou. Plein pot.

BALLADUR : Jaaaacques… Une telle intransigeance risque de bloquer le commerce mondial…

CHIRAC : Mais quel égoïste, celui-là ! Vous avez vu comment il est ? Il pense qu'à son commerce mondial à lui ! Rien du tout, tu lâches rien du tout !

BALLADUR : Mais enfin Jaaaaacques… Pourquoi ?

PPD : Ben oui, monsieur Chirac, pourquoi ? Se bloquer sur le volet agricole risque de nous mettre à l'écart du reste du monde…

CHIRAC : Mais putain… Le reste du monde on les voit jamais ! Tandis que les agriculteurs, on les voit tous les week-ends. C'est que c'est teigneux les paysans. Moi, j'ai une maison là-bas… Si on les énerve, ils sont capables de me verser leurs gorets dans ma piscine !

BALLADUR : Jaaaaacques…

CHIRAC : Je me suis quand même pas fait chier tout l'été à me taper des 20 000 kilomètres au cul des vaches pour qu'on me foute tout en l'air ! J'ai fait tous les bleds, tous ! La France est truffée de ploucs… Je leur ai tous serré la main… En plus, y m'ont fait bouffer de ces trucs ! Inouïs ! Tout ce qui peut se manger dans le cochon, je l'ai mangé. Les sabots, les dents, les cheveux. Tout ! J'ai même mangé du pis de truie…

PPD : Monsieur Chirac, calmez-vous…

CHIRAC : Et j'en ai repris deux fois. J'ai bu des trucs insensés. Ils font de la liqueur avec tout… Mirabelles, patates, oignons, tout ! Ils font même de la liqueur de cochon, avec des morceaux de groin dedans… Des verres comme ça que j'en ai bu. Ras bord ! C'est inouï ce que j'en ai chié ! Inouï…

PPD : Monsieur Chirac…

CHIRAC : Et ben résultat : j'en ai chié, mais nos agriculteurs, ils m'ont promis un boulot pour dans deux ans. Alors tu vas pas tout me foutre en l'air à cause de ton commerce mondial de rien du tout, hein ! Egoïste !

BALLADUR : Jacques, gardons la tête froide, évitons la démagogie…

CHIRAC : Edouard, c'est pas compliqué, tu choisis : ou tu fais comme je te dis, ou tu brises notre amitié de trente ans. Tu choisis.

BALLADUR : Jacques…

CHIRAC : Tu veux briser une amitié de trente ans ?

BALLADUR : Je ne sais pas… Vous savez monsieur le Maire de Paris, cette amitié de trente ans, pour moi, c'est tellement nouveau…

PPD : Merci messieurs…

CHIRAC : Putain… Qu'est-ce qui m'emmerde !

SOURCE SECRÈTE

CONFIDENTIEL

0 4 NOV. 1993

PPD : Sans transition, je reçois monsieur Balladur... Hé hé...

BALLADUR : Écoutez monsieur d'Arvor... Je sais exactement ce que vous allez me dire...

PPD : De ? Quoi ?

BALLADUR : Hier, dans le métro, j'ai été ridicule, je le sais...

PPD : Euh... Non... Pourquoi ? Hum...

BALLADUR : Écoutez je vais vous faire une confidence : quand j'achète du pain, je suis ridicule, quand je fais du sport, je suis ridicule, quand je vais au supermarché, je suis ridicule... C'est ainsi.

PPD : Non... Moi je vous trouve très bien.

BALLADUR : Noooon... Cet été, j'ai essayé le footing, j'ai été ridicule...

PPD : Mais non, c'est le survêtement qui fait ça.

BALLADUR : Non... Croyez moi, en 60 ans, j'ai pu l'observer : dans la vie quotidienne, je suis fondamentalement ridicule.

PPD : Faut pas dire ça, monsieur Balladur... Moi je vous trouve très bien dans vos discours, vos interventions... Hum...

BALLADUR : Dans ce cas, il s'agit de ma vie professionnelle. Et j'y suis à ma place.

PPD : Bah, pourquoi vous avez fait ça hier ? Le métro ?

BALLADUR : Je ne sais pas... Un moment d'égarement... Pourtant je l'ai senti tout de suite... Dès que j'ai enfourné le ticket dans la machine, je me suis dit : "Edouard tu es ridicule."

PPD : Mais il fallait faire demi-tour

BALLADUR : Impossible... Toute la presse était là... Dès que j'ai vu les caméras, j'ai pensé : "Edouard, tu es cuit."

PPD : Ne dites pas ça... Il n'y a rien de perdu... Souvenez vous de Giscard et de ses dîners chez l'habitant. Il s'en est bien remis...

Blanc. Balladur regarde PPD méchamment.

PPD : Excusez-moi... Je ... Pardon...

BALLADUR : Voyez-vous monsieur d'Arvor, il n'y a qu'un endroit où je ne serais pas ridicule, où je serais exactement à ma place, mais je n'ai pas le droit d'y accéder...

PPD : Ah oui, le ...?

BALLADUR : Mmmmm...

PPD : Aaaah ! Vous voulez parler deeee....

BALLADUR : Mmmmm...

PPD : Du travail deee...

BALLADUR : Mmmmm....

PPD : Oui mais c'est pas possible... Pourtant c'est vrai que le costume, le collier, l'écharpe, ça vous irait mieux que votre manteau hier dans le métro...

BALLADUR : Oh nooon... S'il vous plaît, ne me parlez plus de ça... J'ai honte... En plus j'ai dit : "Il fait chaud"... C'est typique du type qui ne sait pas quoi dire. Ridicule...

PPD : Hum. Bah oui... Sans transition...

Chirac déboule.

SOURCE SECRÈTE

CHIRAC : Edouard, mon ami ! Je voulais te dire : hier dans le métro t'as été très bien ! Le coup du métro, qui fait chaud dedans ! Très bien !

BALLA : J'ai été ridicule...

CHIRAC : Très bien, je te dis ! Tiens, demain je t'amène à la piscine ! Je te prêterai un maillot de bain.

25 NOV. 1993

PPD : Sans transition, je reçois monsieur Charles Pasqua...

PASQUA : Bonsoir monsieur d'Arvor

Sous-titre **CHARLES PASQUA, DÉMON INTÉRIEUR**

PPD : Alors monsieur Pasqua... Après dix jours de rafles, c'est l'heure du bilan... Où en êtes-vous ?

PASQUA : Rafles, rafles... monsieur d'Arvor, il y a des mots qui blessent...

CHIRAC : Bonsoir monsieur d'Arvor...

PPD : Tiens, monsieur Chirac, qu'est ce que vous fichez là ?

CHIRAC : Rien... Euuuuh... Charles, je peux te dire un mot en particulier ?

PPD : Je vous en prie, vous êtes chez vous... Hum...

PASQUA : Qu'est ce qu'il y a...

Blanc.

CHIRAC : Pour Edouard et toi, je sais tout.

Blanc.

PASQUA : Mais de quoi tu parles ? Tu es fou.

CHIRAC : Je te dis que je sais tout ! Vos petites balades le week-end chez les élus... J'ai des preuves !

PASQUA : Mais arrête, c'est ridicule cette scène, y'a du monde !

Chirac sort deux billets de train de première.

CHIRAC : Et ça, c'est quoi, hein ?! Deux première classe pour Dreux ! Et le week-end d'avant vous étiez à Bordeaux !

PASQUA : Mais Jacques ! C'est l'aménagement du territoire ! Edouard m'accompagne, c'est tout !

CHIRAC : L'aménagement du territoire ! Ah il a bon dos l'aménagement du territoire ! Vous êtes ensemble ! Je te dis que je sais tout !

PPD : Messieurs...

CHIRAC : Écoutez, vous, deux secondes... C'est trop important, c'est privé... S'il vous plaît restez dans votre coin... Écoute, Charles...

PASQUA : Jacques, je te dis qu'il ne s'est rien passé entre nous.

CHIRAC : J'ai ses relevés bancaires. Lyon... Toulouse... Rouen... Les restaurants, les conférences !

PASQUA : Tu lui fais les poches maintenant !

CHIRAC : Oui ! Parfaitement ! Je lui fais les poches. Et alors ? Je sais, c'est minable, mais je m'en fous, je n'ai plus aucun orgueil... Écoute, Charles... Edouard, c'est un ami de trente ans... Il est fragile... Tu es séduisant... Alors bien sûr, c'est facile de partir en week-end avec ! L'aménagement du territoire ! Forcément, pour lui c'est tout nouveau tout beau. C'est dégueulasse !

PASQUA : Jacques... Arrête... Je te jure qu'il n'y a rien...

CHIRAC : Et total : moi, dans deux ans, qu'est ce que je fais ? Hein ? Je suis tout seul. C'est quand même un type à qui j'ai donné mes 20 ans bon Dieu ! T'as pas le droit de me le voler.

PASQUA : Jacques... Tu es ridicule... Y'a du monde... Tais-toi !

CHIRAC : Charles, je t'en supplie, laisse Edouard tranquille... Pense à notre famille, bon Dieu...

SOURCE SECRÈTE

1993
DIALOGUES

CONFIDENTIEL

0 3 DEC. 1993

PPD : Sans transition, je reçois Jacques Chirac…

CHIRAC : Ça va, vous, monsieur d'Arvor ?

PPD : Mm… Mm… Oui, ça va…

CHIRAC : Parce que moi ça pas pas fort… Je dirais que ça va moyen… Moyen…

PPD : Mm… Mm…

Sous-titre **JACQUES CHIRAC RESPONSABLE DE LA VOIRIE DE PARIS**

CHIRAC : Moyen… Vous avez su pour mon malheur ?

PPD : Lequel ?

CHIRAC : Ben… Pour Edouard… En ce moment, il est avec l'autre, là…

PPD : Ah oui… Charles Pasqua…

CHIRAC : Ah… Vous le saviez aussi… Salauds ! Ils se cachent même plus…

PPD : Mais non… Vous vous faites des idées, c'est pour l'aménagement du territoire…

CHIRAC : Mais oui… Tiens… Qu'il y aille une fois, pourquoi pas… Si ça le détend… Deux fois passe encore… Mais tous les week- ends… Y'a autre chose. Ils sont ensemble.

PPD : Mais non…

CHIRAC : Mais si. Je les ai fait suivre…

PPD : Monsieur Chirac, c'est pas digne de vous.

CHIRAC : Je m'en fous de la dignité ! Parce que moi, pendant que soi-disant ça aménage le territoire, qu'est-ce que je fais moi ? Hein ?! Et ben je reste tout seul, à me ronger les sangs, à m'emmerder… A attendre qu'il revienne… Parce que moi on me sort pas. Non ! Je suis pas assez bien !

PPD : Monsieur Chirac…

SOURCE SECRÈTE

CHIRAC : Ça fait combien de temps qu'il m'a pas sorti ?

PPD : Mais, pourquoi vous n'y allez pas le week-end avec eux…

CHIRAC : Ben voyons. Manquerait plus que ça ! Pour tenir la chandelle ! Non, non, je préfère souffrir en silence, seul… Salauds ! De toutes façons… Je vais pas me laisser faire… Je vais lui téléphoner tout le temps… En pleine nuit… "Alors, Edouard ça va ? Ça s'aménage bien le territoire ?" Et clac, je raccroche… Et je rappelle toutes les 4 minutes…

PPD : Ah non, c'est pas bien…

CHIRAC : M'en fous… Je vais les faire chier… Je vais débouler en plein conseil des ministres et je vais le dire devant tout le monde… Je vais leur pourrir la vie…

PPD : Vous ne pouvez pas faire ça !

CHIRAC : Trop facile… Il était rien du tout, je l'ai fait… Et maintenant que monsieur a réussi, il a honte de moi… Pour lui, je suis plus rien… Je suis tellement plus rien qu'un jour il va me piquer mon boulot de dans deux ans…

PPD : Mais non…

CHIRAC : Vous savez monsieur d'Arvor, je lui ai tout donné… Et vous savez ce qu'il a fait ce salaud ?

PPD : Non…

CHIRAC : Il a tout pris.

07 DEC. 1993

PPD : Voilà, sans transition, je reçois monsieur Balladur.

BALLA : Bonsoir.

PPD : Alors monsieur Balladur, vous avez donc trouvé un accord sur le volet agricole, on peut savoir ce que c'est ?

BALLA : Non.

Blanc.

PPD : Hum… Je… Mais ça avance tout de même, non ?

BALLA : Il faut tempérer notre optimisme… Les choses avancent, mais en l'état rien ne permet de dire qu'elles aboutiront.

CHIRAC : 'Jour…

PPD : Ben, monsieur Chirac…

BALLA : Bonjour Jacques…

CHIRAC : Oui ho… Ne te force pas à me dire bonjour…

BALLA : Enfin Jacques…

CHIRAC : Écoute Edouard, s'il te plaît… Pour l'instant, c'est moi qui souffre… Alors hein… La souffrance, c'est la dernière chose qui me reste, alors respecte-la… Merci.

PPD : Il ne faut pas vous mettre dans cet état-là…

CHIRAC : Edouard, il faut que je te parle…

Il entraîne Balladur à part.

BALLA : Jacques, je parlais avec monsieur d'Arvor…

CHIRAC : Oui, je sais, je gêne… Je gêne toujours… C'est marrant, ça a pas toujours été comme ça… Tu ne t'en souviens peut-être plus, mais moi, je m'en souviens très bien. Je n'ai pas toujours été celui de trop…

BALLA : Jacques…

CHIRAC : Une seconde… Je t'en supplie, une seconde de ton temps… Charles se sert de toi. Tu le vois pas qu'il se sert de toi ?

BALLA : Écoutez Jacques, cette histoire commence à devenir pénible… Monsieur Pasqua et moi, nous aménageons le territoire…

CHIRAC : Non… Non non non… Arrête… Je t'en supplie, arrête. Ne me prends pas pour un con, c'est pire que tout… Mais regarde-toi ! T'es comme envoûté ! Tu les vois pas les sondages ? Tu les vois pas ? Tu les vois pas ? Hein ? Il monte ! Il monte !

BALLA : C'est ridicule…

PPD : Monsieur Chirac, nous parlions du GATT… Vous n'étiez pas en désaccord avec monsieur Balladur ?

CHIRAC : Mais non… Si je l'ai embêté avec le GATT, c'est parce que j'étais jaloux… Je croyais que Charles et lui, ils voulaient me prendre mon boulot de dans deux ans, je voulais lui faire du mal… Je me disais : "Si il signe, il passera pour une mauviette et si il signe pas, il met le pays dans la merde…" Je voulais lui faire du mal. Mais je regrette maintenant…

PPD : Monsieur Balladur ?

BALLA : Je travaille…

CHIRAC : Vous avez vu ça ! Le mépris !? Salaud ! Ah tu veux la guerre, c'est ça ?! Tu vas l'avoir ! Trop facile ça, de rayer les gens du jour au lendemain… Trop facile… Je vais te pourrir ta vie, moi !

PPD : Monsieur Chirac…

CHIRAC : M'en fous ! Je vais te dire un truc Edouard: si je veux, je peux devenir ton pire cauchemar.

BALLADUR : Vous l'êtes déjà…

CHIRAC : Putain… C'est pas vrai. Vous voyez, monsieur d'Arvor, le pire c'est que je suis tellement con que si il revient, je le reprends…

SOURCE SECRETE